Mut zum Lebenswandel

Brigitte Hieronimus:
Mut zum Lebenswandel
Projektmanagement: Marianne Nentwig
© J. Kamphausen Mediengruppe GmbH,
Bielefeld 2016
info@j-kamphausen.de

Lektorat: Swantje Steinbrink
Umschlaggestaltung: Kurt Liebig,
Liebig Medien-Design
Satz: Wilfried Klei, Bielefeld
Druck & Verarbeitung:
CPI - Clausen & Bosse, Leck

www.weltinnenraum.de

Bibliografische Information der Deutschen Nationalbibliothek

Die Deutsche Nationalbibliothek verzeichnet diese
Publikation in der Deutschen Nationalbibliografie;
detaillierte bibliografische Daten sind im Internet
über **http://dnb.d-nb.de** abrufbar.

1. Auflage 2016

ISBN Printausgabe: 978-3-95883-021-9
ISBN E-Book: 978-3-95883-022-6

Dieses Buch wurde auf 100% Altpapier gedruckt und ist alterungsbeständig.
Weitere Informationen hierzu finden Sie unter www.weltinnenraum.de

Brigitte Hieronimus
mit Hermann Galle

Mut zum Lebenswandel

Wie Sie Ihre biografischen Erfahrungen sinnvoll nutzen

Vorwort

„Das einzig Beständige ist die Veränderung."

Buddha

Fast niemand mag Veränderung. Außer bei Zahnschmerzen oder anderen unangenehmen Lebenssituationen. Da möchte man, dass sie möglichst schnell vergehen - die Schmerzen, die Unsicherheit, das Bedrohliche. Aber das Schöne, das Angenehme oder das, was uns selbst und unsere Ansicht über die Welt bestätigt, soll bitte nicht vergehen. Jedenfalls nicht so schnell und nicht so bald. Vergänglichkeit und Veränderung sind unvermeidlich – so viel Einsicht haben wir schon. Aber sie sollen bitte später im Leben kommen, erst dann, wenn es uns besser passt und wenn wir gut darauf vorbereitet sind. Unerwartete Veränderungen, überraschende Situationen und ungeplante Änderungen im Lebensplan mögen wir nicht. Weil es uns so viel Mühe und Arbeit gekostet hat, das alles so sorgfältig zu arrangieren. Das Erreichte muss gefestigt und verteidigt werden. Aus Festem und Unveränderlichem wird unser subjektives Gefühl von Sicherheit genährt. Gewohnheiten sind vorhersehbar und Geplantes haben wir unter Kontrolle. Mitten auf der offenen und manchmal stürmischen See suchen wir nach festem Halt.

Den aber gibt es nicht. Weder mitten auf dem Meer noch im Ozean des Lebens. Das Leben nämlich ist etwas Fließendes. Etwas, das ständig und ununterbrochen in Bewegung ist. Etwas, das sich ständig verändert und wandelt. Jede Veränderung ist gleichzeitig eine Verwandlung. Etwas Altes ist vorbei – etwas Neues hat noch nicht begonnen. Da ist weder eine vertraute Erfahrung, auf die wir zurückgreifen können, noch ein Halt in einer vorhersehbaren Zukunft. Im Augenblick der Veränderung gibt es nichts, an dem wir uns festhalten können. Es ist offener Raum ohne Garantie, dass der nächste Schritt gut ausgehen wird. Unbekanntes Land. Keine Absicherung. Keine Garantie für Nichts.

Der Zustand mitten im Prozess der Veränderung macht uns Angst, verunsichert uns und scheint uns manchmal sogar den Boden unter den Füßen weg zu ziehen. Aber jeder Schritt im Leben hat damit zu tun, Boden unter den Füßen zu verlieren. Wenn wir von einem Ort zum anderen gehen, muss sich unser Fuß vom Boden lösen, bevor er einen kleinen Schritt weiter voran wieder festen Boden unter den Füßen hat. Und im nächsten Schritt hebt sich der andere Fuß und der, der vorher in der vergangenen Wegstrecke war, gibt nun Halt und Stabilität in unbekanntem Terrain weiter vorn.

Beim Gehen haben wir uns an die Unsicherheit gewöhnt. Beim Atmen auch. Oder haben Sie nur deshalb nicht tief ausatmen können, weil Sie befürchtet haben, dass auf das Einatmen kein Ausatmen folgt? Tief ausatmen können ist ein Zeichen von Vertrauen und Zuversicht ins Leben selbst.
Dieses Vertrauen und diese Zuversicht brauchen Mut. Den Mut, das Wagnis der Unsicherheit einzugehen. Den Mut, ohne Netz und doppelten Boden Schritte zu gehen, die so oder so gegangen werden müssen. Älter werden geschieht von selbst ... mit jedem Schritt und jedem Atemzug gehen wir der Verwandlung entgegen. Genauer gesagt sind wir mitten drin. Schritt für Schritt. Moment für Moment. Immer und in jedem noch so kleinen Augenblick geschieht Wandlung, Änderung, Transformation. Kein Augenblick ist genau so, wie ein anderer zuvor. Dieser völlig einmalige Zauber der unendlich beständigen Verwandlung heißt: Leben.

Karl-Ludwig Leiter (Design Studio und Buchautor)

Lebensstufe Alter:

Ansichten, Möglichkeiten und Perspektiven zur persönlichen Weiterentwicklung

„Wie jede Blüte welkt und jede Jugend dem Alter weicht, blüht jede Lebensstufe, blüht jede Weisheit auch und jede Tugend zu ihrer Zeit und darf nicht ewig dauern."

Hermann Hesse

Ich wusste nicht viel über das Altern, als mir das Gedicht „Stufen" von Hermann Hesse zum ersten Mal begegnete. Es war der Auftakt bei einem Vortrag über die Bedeutung der Wechseljahre. Einen Moment hielt ich inne, spürte eine seltene Faszination. Damals war ich Anfang vierzig und mit einem ungestümen Willen ausgestattet. Ich verfolgte Ideen und Pläne, die nach konkreter Umsetzung verlangten. Das Leben, so dachte ich, wartet nicht auf mich; ich muss es gestalten, und zwar unverzüglich ... Zwanzig Jahre später begegnete mir das Gedicht erneut. Die Zeit der Wechseljahre war längst vorüber, und ich begriff „Zeile um Zeile", was es mit dem Welken und Blühen der Lebensstufen wirklich auf sich hat: Nichts darf ewig dauern, auch wenn es noch so schön ist. Nichts wird ewig dauern, selbst wenn es noch so schmerzhaft ist. Je tiefer ich mich darauf einließ, desto mehr erkannte ich, dass die Zeit dazwischen – der Ausklang der einen und die Einstimmung auf die neue Lebensphase – einem Orchester gleich, eine neue Lebensmelodie probt.

Dieses stetige Üben und Einstudieren der neuen Lebensmelodie ist eine Übergangszeit, die ziemlich unruhig und nervös machen kann, weil wir nicht wissen, was auf uns zukommt. Doch genau diese Zeit des Nichtwissens braucht es, um den Wandel einzuleiten. Manchmal bringt diese Zeit Weisheit, manchmal Tugend, oft aber erst mal eine gewisse Form von Starrsinn und Unbeweglichkeit hervor. Es kommt also auf das Wie an: Wie gehen wir mit unserem Welken der vergangenen Phase und dem Erblühen der neuen um? Die Lebensstufe Alter gehört sicherlich zu dem intensivsten – und wohl auch radikalsten – Übergang innerhalb des eigenen Lebenszyklus. Natürlich endet auch in der Lebensstufe Jugend manches; vieles beginnt neu. Es enden die Abhängigkeiten des Kindes, eigene Vorstellungen vom Leben erwachen nach und nach und wollen sich entwickeln. Was im Alter endet, glauben wir bereits zu wissen: Den Beruf mit seinen Verpflichtungen lassen wir hinter uns, die körperlichen Kräfte nehmen spürbar ab, das Interesse an Sex lässt nach ... Was neu hinzukommt, hören wir von denen, die diese Lebensstufe schon erklommen haben: Mehr Zeit und Muße, zum Beispiel für Hobbys und ausgedehnte Reisen. Außerdem wird dem Alltag eine neue Struktur verliehen, an die man sich jetzt halten will. Jeder sorgt nun auf seine Weise für sein persönliches Wohlbefinden. Hören wir aber auf das, was nicht verbalisiert wird, offenbart sich etwas anderes. Unter dem Mantel einer selbstbestimmten Lebensgestaltung versteckt sich so etwas wie Sinnsuche und ein sehnsüchtiger Wunsch nach innerem Glück und dauerhafter Zufriedenheit.

Dauerhaftes Glück – ist das überhaupt erstrebenswert?

Glück mag wie eine Illusion erscheinen, mag eine flüchtige Angelegenheit oder ein Zufallsprodukt gelungener Umstände sein. In Anbetracht der Einschränkungen, die das Alter mit sich bringt, hoffen wir, dass es nicht allzu schlimm kommt. Deshalb spüren wir hin und wieder einen Hauch Glück, wenn uns nach dem Aufstehen nichts weh tut und wir die Ausschweifungen eines späten Abendessens mit reichlichem Weingenuss gut vertragen haben. Glücklich sind wir, wenn die Kinder und Enkel wohlauf sind und wir eine zärtliche Liebesnacht verbracht haben. Ein zauberhafter Frühlingsmorgen stimmt fröhlich, ein Waldspaziergang gibt Energie. Frauen sind glücklich, wenn ihnen der Mann, mit dem sie schon ein halbes Leben zusammen sind, immer noch sagen kann, dass er sie liebt. Männer sind glücklich, wenn sie in der Altersphase durch ihr Tun Liebe ausdrücken können: mit Hingabe das Auto putzen, die Garage gründlich aufräumen, das Werkzeug andächtig sortieren, Holz stapeln, miteinander kochen, etwas zusammenbauen, umbauen, anbauen, ausbauen, weiterbauen ... Sie können diese Dinge nun ganz für sich allein oder für jemand anderen tun, um damit Freude zu bereiten. Doch obwohl jeder mal einen Zipfel vom Glück erhascht, spüren viele nach kurzer Zeit erneut diese latente Unzufriedenheit. Äußerlich scheint alles in Ordnung zu sein, aber irgendetwas nagt ...

Der Übergang in eine neue Lebensstufe kündigt sich oft auf eigenartige Weise an. Wir werden von einer inneren Unruhe ergriffen und von dem Gefühl, etwas verpasst zu haben. Manchmal werden wir ohne Grund melancholisch und schotten uns ab. Dann wieder spüren wir eine Aufbruchsstimmung und möchten die Welt aus den Angeln heben, was mit Mitte fünfzig natürlich schwieriger ist als mit Anfang zwanzig. Steuern wir auf das Alter zu, fällt uns auf, dass nicht nur die anderen, sondern auch wir die unangenehme Eigenschaft haben, nachtragender zu werden und schneller gekränkt zu reagieren. Alte Wunden öffnen sich, weil wir jetzt nicht mehr genügend Abwehrmechanismen besitzen. Seelische Dünnhäutigkeit in der Übergangsphase zum Alter weist biografisch auf Folgendes hin: Wir bekommen die Gelegenheit, uns ausführlich mit unverarbeiteten Verletzungen zu beschäftigen, und können nun für Bereinigung sorgen – können aber auch darin verharren und uns verbittert zurückziehen. Das eine bringt Glück, das andere Unglück in die Lebensbilanz. Mit sich ins Reine zu kommen ist eine hohe Kunst, die wohl erst im höheren Alter gelingt. Denn Glück im Alter für sich selbst zu definieren und es nicht mit dem Glück der Jugend zu vergleichen, bedarf tiefer Lebenseinsicht und genügend Lebenserfahrung. Klopfen Probleme an die Tür oder geraten wir in Krisen, erschüttert das immer unsere Komfortzone. Unsanft werden wir daran erinnert, dass sich etwas in uns ändern müsste. Deshalb braucht es in jeder neuen Reifungsstufe Mut zum Lebenswandel, aber ganz besonders in der Lebensstufe rund um den Ruhestand und darüber hinaus.

In Zeiten des Jugendkults boomt das Thema „Alter und Altern"; es begegnet uns in sämtlichen Medien. Doch auch in längst vergangenen Zeiten haben Dichter und Denker über die Kunst des Alterns nachgedacht und geschrieben – und der Jugend so Gelegenheit gegeben, das Alter zu ehren und sich darauf einzustimmen. Heute übernimmt die Wissenschaft die Aufgabe, über Segen und Verfall des alternden Körpers und Geistes aufzuklären. Damit schürt sie allerdings eher Ängste statt Zuversicht. Jedenfalls trägt die permanente Informationsflut offensichtlich nicht dazu bei, klüger und gelassener mit dem „Altwerden" umzugehen. Im Gegenteil: Der Wunsch nach einem gelingenden Leben im Alter steht oft in krassem Widerspruch zur gefühlten Realität vieler älterer Menschen. Aber wie ließe sich das ändern?

Wem es gelingt, seinen eigenen Alterungsprozess anzunehmen statt dagegen anzukämpfen, der stellt fest, dass jeder Prozess so anders ist wie die Menschen verschieden sind. Nicht alle brauchen ein Hörgerät oder eine neue Hüfte, nicht jeder leidet an Bluthochdruck und Depressionen. Mit Einschränkungen geht jeder individuell um. Achten die einen auf gesunde

Ernährung und nährende Beziehungen, gehen die anderen scheinbar sorglos über ihre überflüssigen Kilos und soziale Isolation hinweg. Nehmen die einen ihre Depression als Hinweis auf Sonnen- oder Dopaminmangel, forschen andere nach seelischen Blockaden, die sie daran hindern, handlungsaktiv zu werden.

Den eigenen Forschergeist entdecken

Welche der Fähigkeiten und Bedingungen braucht es, um dem Alter mit einer neuen Haltung zu begegnen und welche sind bereits vorhanden? Der Zugewinn an Zeit beispielsweise ist ein Geschenk, das ermöglicht, sich dem inneren Wandel bewusst zu stellen. Das moderne Leben bietet zwar Abwechslung genug und besteht aus permanentem Wandel, jedoch mussten viele Entscheidungen bislang von jetzt auf gleich getroffen werden, sodass manche Pläne und Wünsche auf der Strecke blieben. Erst jetzt im Älterwerden können wir uns Zeit für Entscheidungsprozesse nehmen, können wir in Ruhe auswählen, was wir wirklich wollen und was jetzt zu uns passt. Um das herauszufinden, bedarf es vielfältiger – vor allem auch ungewöhnlicher – Lebenserfahrungen sowie intimen Wissens über uns und unsere biografischen Prägungen, die heimlich mitbestimmen, sobald es um einen neuen Lebensentwurf geht. So frei, wie wir glauben zu sein, so frei sind wir nämlich nicht ... Die Kenntnis um persönliche Aufgaben innerhalb der verschiedenen Lebensstufen ist allerdings keine Wissenschaft im herkömmlichen Sinne und wird an keiner Schule oder Universität vermittelt. Deshalb müssen wir uns selbst darum bemühen.

Auf den Bauch hören

Die meisten von uns leben in gesicherten Verhältnissen in einem der wohlhabendsten Industrieländer. Trotzdem nehmen Unsicherheit, Überforderung, Einsamkeit und Depression zu.

Immer mehr Menschen leiden im Älterwerden unter diffusen Lebensängsten, können kaum benennen, was genau ihnen zu schaffen macht. Manchen macht ein latentes Unbehagen zu schaffen, das sich durch ständiges Nörgeln äußert. Andere sind getrieben von innerer Unruhe, die sich durch hektische Betriebsamkeit ausdrückt. Dahinter verbergen sich häufig Lebensthemen, die nach einer gründlichen Bestandsaufnahme verlangen, der aber noch ausgewichen wird. Meist steht eine Lebensprüfung bevor. Dabei geht es nicht vordergründig darum, das Problem auf der Stelle zu überwinden, sondern erst einmal Raum zu lassen für das, was wir eigentlich ablehnen. Niemand liebt Enttäuschungen, Trauer, Niedergeschlagenheit und Melancholie, doch erst das Durchleben führt die ersehnte Wandlung herbei.

Der US-amerikanische Psychotherapeut Eugene T. Gendlin stellt fest, dass Klienten, die gut mit Krisen und Problemen umgehen, offenbar über eine andere Art der Selbstwahrnehmung verfügen: Sie beziehen ihre körperlichen Empfindungen mit ein und äußern sich nicht nur theoretisch oder abstrakt über ihre Lage. Gendlin gelangte zu der Überzeugung, dass viele Menschen ihren schlechten Zustand nur deshalb als unabänderlich hinnehmen, weil sie sich nicht darüber im Klaren sind, dass das schlechte Befinden ein Signal dafür ist, dass der Körper sich zum Guten hin entwickeln will. Demnach wäre jedes nagende Gefühl des Unwohlseins eine potenzielle Energie. Die bloße Existenz negativer Empfindungen, so Gendlin, sei ein Ausdruck dafür, dass der Körper weiß, was richtig und was falsch ist. Der Körper muss also über ein inneres Wissen darüber verfügen, was es bedeutet, sich vollkommen wohlzufühlen, sonst würde er nicht so empfindlich auf alles Schlechte reagieren. Gendlin bat seine Klienten, darauf zu achten, welches körperliche Gefühl im Brust- und Bauchraum entsteht, sobald sie über ein bestimmtes Thema sprechen, und mit diesem Körpergefühl zu arbeiten. Daraus lässt sich schließen, dass der Körper, dem es schlecht geht, den Weg zu einem guten Wohlbefinden zu kennen scheint.

Macht das Leben krank?

Es gibt Therapeuten, die der Meinung sind, unangenehme und schmerzvolle Emotionen müssten möglichst schnell wegtherapiert werden, weil Trauer und Niedergeschlagenheit die Wiedereingliederung in eine reibungslos funktionierende Gesellschaft verhindern. Doch selbst wenn das für kurze Zeit gelingt, werden Depression und Melancholie sich neue Wege bahnen, solange das zugrunde liegende Thema nicht verstanden wird. Das Leben selbst ist keine Krankheit, aber es kann krank machen – insbesondere wenn Überzeugungen und Haltungen, die früher hilfreich gewesen sein mögen, heute aber hinderlich sind, beibehalten werden. Wer beispielsweise unerschütterlich an lebenslange Treue oder Solidarität glaubt, wird im Laufe des Lebens zwangsläufig mit dem Gegenteil konfrontiert und lernen müssen, sich dem Thema neu zu stellen, statt Tatsachen zu ignorieren oder zu bekämpfen. Nicht das Leben ist unser Feind; vielmehr kranken wir oft an „lebensfeindlichen“ und lebensuntauglichen Haltungen. Daher ist es hilfreich, das Leben als Lehrer und Freund anzuerkennen. Das Leben zeigt uns, dass sich alle Dinge des Lebens in ständigem Übergang befinden. Nichts bleibt auf Dauer nur schlecht oder nur gut. Sich in einem unsicheren Zwischenzustand aufzuhalten erfordert allerdings Zuversicht, die nicht immer vorhanden ist.

Mitgefühl statt Nabelschau

Den meisten Menschen fällt es unendlich schwer, eigene Enttäuschungen, Wut, Eifersucht oder Irritationen anzunehmen.

Aber gerade diese schmerzhaften Emotionen machen uns klar, wo wir blockiert sind und wo wir feststecken. Insofern könnte durchaus Zuversicht wachsen, sobald wir die unangenehmen Emotionen, die uns immer wieder heimsuchen, als Gespenster längst vergangener Tage erkennen. Sie wollen uns keine Angst einjagen; vielmehr wollen sie endlich in Rente gehen. Deshalb sind Situationen und Menschen, die diese unangenehmen Empfindungen in uns auslösen, auch keine „Sündenböcke", sondern „Entwicklungshelfer", weil sie dazu beitragen, das Blockierte in unserem Inneren überhaupt wahrzunehmen.

„Glück besteht aus einem einzigen Stoff –
Mitgefühl. Wer kein Mitgefühl im Herzen trägt,
kann nicht glücklich sein."

Thich Nhat Hanh

Sobald wir fühlen, was genau uns quält, traurig und unglücklich macht, kann sich auch Einfühlungsvermögen für Menschen einstellen, die Ähnliches durchmachen. Lebensglück ist somit nicht möglich, ohne die Bereitschaft, auch missliche Stimmungen und Situationen anzunehmen; denn nur dann können sie sich wandeln.

Schicksalswege der Generationen

Interessanterweise liegt der Ursprung unergründlichen Leidens – vor allem des diffusen Leidens in der Altersphase – nicht zwangsläufig in der eigenen, sondern vielfach in der elterlichen oder großelterlichen Biografie. In dieser Generation konnte sich wenig Mitgefühl entfalten, weder für andere noch für sich selbst, weil bittere Not, Armut, Hunger, Kälte und Entbehrung eher Hass, Verbitterung und Widerstand gegen das Leben erzeugen – innere Haltungen, die übrigens in allen kriegführenden Staaten zu finden sind. Über die (Spät-)Folgen einer kriegstraumatisierten Generation wurde inzwischen viel geforscht, und so geht man heute davon aus, dass unverarbeitete traumatische Lebensereignisse bis in die vierte Generation hineinwirken.

Prof. Franz Ruppert, Psychologischer Psychotherapeut und Traumaexperte, sagt dazu:

*„Die Kinder kriegstraumatisierter Eltern werden unbewusst und ungewollt in deren Kriegstraumata involviert. Sie bleiben damit oft ein Leben lang in großer Sorge an ihre Eltern gebunden, versuchen sie zu retten und werden damit in ihrer eigenen Autonomie gebremst und gehemmt."**

Erst jetzt im Älterwerden bemüht sich die Generation der Nachkriegskinder (geboren zwischen 1945 und 1955) allmählich um die notwendige Ab- und Auflösung. Dabei ist die Arbeit an Verstrickungsmustern durch die übernommenen Traumata der Eltern sogar eine wichtige Voraussetzung, um gesunde Nähe und Autonomie in engen zwischenmenschlichen Beziehungen leben zu können. Der Blick zurück auf eine Reihe von Lebensjahrzehnten kann sowohl zum Schwelgen in schönen Erinnerungen anregen, als auch schlecht verheilte Wunden aufreißen. Es kommt vor, dass Freud und Leid ganz nah beieinander liegen und bestimmte Erinnerungen widersprüchliche Empfindungen hervorbringen, die nicht ohne Weiteres einzuordnen sind.

„Wir sollen heiter Raum um Raum durchschreiten, an keinem wie an einer Heimat hängen."

Hermann Hesse

Mit welchem Blick schauen wir also auf unsere bisher gelebten Jahrzehnte zurück? Milde und versöhnlich oder gramvoll und versteinert? Bewerten wir unser Leben aufgrund von Erfolgen

---

* Ohne Quelle, da Originalaussage gegenüber der Autorin.

oder von Niederlagen? Schauen wir nur auf die Erfolge, kann uns das hochmütig werden lassen, blicken wir überwiegend auf die Niederlagen und Versäumnisse, hinterlässt das ein Gefühl schmerzlichen Scheiterns. In den meisten Fällen waren die familiären Rahmenbedingungen nicht optimal, sodass sich die persönliche Entwicklung nicht ausreichend entfalten konnte oder immer wieder aufgehalten wurde. Deshalb ist es notwendig, seine frühen Entwicklungsstaus bewusst zu erkennen, um sie jetzt selbstbestimmt aufzulösen. Dies ist ein wichtiger Schlüssel zu einem gelingenden Leben im Alter. Wem beispielsweise von Haus aus kaum Zugang zu Bildung und Kultur gewährt wurde, der sollte das nicht beklagen, sondern jetzt nachholen, was noch möglich ist, entsprechende Veranstaltungen besuchen oder auch selber künstlerisch tätig werden. Saxophon oder Klavier zu spielen, in einem Chor zu singen oder Tango zu tanzen, das kann man auch als 65-Jährige/r noch lernen. Nur den Wunsch, ein großer Star zu werden, den gilt es loszulassen. Und sind wegen häufiger Umzüge in der Kindheit freundschaftliche Beziehungen zu kurz gekommen, können wir uns jetzt um Intensivierung bemühen, indem wir bereit sind, mehr als Oberflächlichkeiten auszutauschen. Es ist nie zu spät für verständnisvolle Gespräche. Aber auch hier geht es darum, Erwartungen geradezurücken: Wer möchte, dass ihm andere verständnisvoll zuhören, sollte sich von seiner emotionalen Ichbezogenheit lösen und echtes Interesse am Gegenüber entwickeln.

Am Büfett des Lebens

Etwas nachzuholen ohne das Gefühl zu haben, etwas versäumt zu haben ist übrigens die beste Gelegenheit, den Vorurteilen einer Gesellschaft entgegenzutreten, welche behauptet, im Alter sei es zu spät für durchgreifende Veränderungen. Denn auch wenn es Beharrlichkeit, Konsequenz und unermüdliche

Selbstdisziplin kostet, sich selber auf dem Kurs der Veränderung zu halten: Es lohnt sich. Etwas nachzuholen kann zum Beispiel bedeuten, sich etwas bewusst zu erlauben, was einst verboten war oder versagt geblieben ist, und sich ohne Wehmut den Dingen zu widmen, die jetzt endlich möglich sind.

Wer einen empfindlichen Magen hat, nimmt sich vom Büfett nur das, was seinen Magen nicht belastet. Ist er wieder gesund, holt er sich bei nächster Gelegenheit all jene Leckereien, von denen er beim letzten Mal nicht kosten durfte. Genauso verhält es sich mit dem Lebensbüfett: Jetzt geht es um Neuverkosten und um einen Nachreifungsprozess ... Wem es allerdings nur darum geht, einen Mangel zu kompensieren, der wird niemals satt. Wer nur danach strebt, einen (als ungerecht) erlebten Mangel auszugleichen, kommt niemals auf den Weg zu Glück und Zufriedenheit, sondern rutscht eher in ein Zwangs- und Suchtverhalten. Das gilt für den empfundenen Mangel an Sex und Liebe ebenso wie den Mangel an Erfolg und Anerkennung. Außerdem lässt sich nun mal nicht mehr alles nachholen, was einst versäumt oder verhindert wurde. Deshalb gilt es beim Übergang zur Altersphase, die eigenen Wahlmöglichkeiten zu erkennen, auszuschöpfen und das angemessen auszudrücken, was sich entfalten will. Wem es beispielsweise versagt geblieben ist, Kinder zu zeugen oder zu gebären, der könnte die Möglichkeit nutzen, sich intensiv um die eigenen Patenkinder zu kümmern oder sich ehrenamtlich für Kinder in Not zu engagieren. Das setzt natürlich voraus, sich mit der eigenen Kinderlosigkeit ausgesöhnt zu haben; denn nur dann wird man sich anderen Kindern von ganzem Herzen zuwenden können.

Die Kunst, vergeben zu können

Doch nicht jedem ist es ohne Weiteres möglich, sich bewusst dem zu stellen, was einst versagt blieb. Uneingestandene Emotionen wie Neid oder Eifersucht versperren den Weg. In der Regel resultieren solche Reaktionsmuster aus einem niedrigen Selbstwertgefühl und geben dem Leben einen bitteren Beigeschmack. Um diese Muster aufzuheben, bedarf es der Fähigkeit, vergeben zu können. Vergebung ist nicht gleichbedeutend mit Versöhnung: Zur Versöhnung sind zwei Menschen nötig, zur Vergebung nur einer. Wer vergeben möchte, muss einen inneren Perspektivwechsel vornehmen, um die Lebensanschauung, die sich aus der Biografie des anderen ableitet, nachvollziehen zu können. Denn die meisten Kränkungen entstehen aus der Unvereinbarkeit verschiedener Anschauungen; und im anschließenden Kampf um Verständnis reiben sich Menschen auf. So kommt es manchmal über Generationen hinweg zu unversöhnlichen Haltungen, die bisweilen über den Tod hinausreichen. Sollten auch wir in den stillen Stunden des Nachsinnens feststellen, dass wir anderen wehgetan haben – ob aus Unwissenheit oder aus Egoismus – so ist das ein schmerzlicher Prozess, der uns tiefe Einsicht und Reflexionsfähigkeit abverlangt. Je aufrichtiger wir uns dieser Aufgabe im Älterwerden widmen, desto eher gelangen wir in den von uns gewünschten Zustand des Friedens und bekommen innere Freiräume.

Grenzzäune der Generationen

In der Jugend bedeuteten Freiräume unaufhörlich einer verheißungsvollen Zukunft entgegenstreben zu können. Wir eroberten das Leben und wollten auf nichts verzichten. Je nach Temperament und Gelegenheit wurden Grenzen und Regeln übertreten, um eigene zu erschaffen. Wer sich den Regeln der Eltern widersetzt, tut dies also nicht nur aus Trotz und Rebellion, sondern versucht gleichzeitig, sich neuen Orientierungsmöglichkeiten zu öffnen und damit zu experimentieren. Die Generation unserer Eltern und Großeltern (geboren 1900–1930) hatte diese Chancen nicht. Für die meisten war die Jugend, kaum begonnen, schon zu Ende. Entwicklungsjahre, in denen es darum geht, auszuprobieren und sich von elterlichen Werten und Normen abzugrenzen, gab es so gut wie gar nicht. Blutjunge Männer wurden in den Krieg eingezogen. Mädchen und Frauen bangten um ihre Männer, Väter, Brüder, Söhne und um das eigene Leben. Kamen die Männer zurück, waren Frauen und Männer oftmals verhärtet ob all der Gewalt und des Leids, das auf sie eingewirkt hatte. Wer das Grauen des Krieges überlebte, betrachtete die Welt aus erstarrten Augen. Zudem gelang es nur wenigen, zu reflektieren, wie es zu dem Krieg gekommen war, und Zusammenhänge herzustellen. Entsprechend beeinflussten unreflektierte Rollenbilder und rigide Moralvorstellungen auch die folgende Generation und wurden ihr zur bitteren Last. Der damalige Druck von Kirche und Gesellschaft erzeugte unbedingten Autoritätsgehorsam und bereitete das Fundament, auf dem unsere Eltern als junge Menschen Feindbilder aufbauten. Früh wurden sie empfänglich für rassistisches Gedankengut; sie teilten die Welt in Gut und Böse ein. Doch mit den wahren politischen Zusammenhängen hat sich diese Generation aus verschiedenen Gründen nur bedingt auseinandergesetzt. Das übernahm die nachfolgende Generation für sie. Doch das unvorstellbare und unverarbeitete Leid von damals existiert bis heute in der Psyche der Nachkriegsgeneration.

Praxisbeispiel

Marianne ist Anfang 40, geschieden und hat einen erwachsenen Sohn. Sie bittet um einen Beratungstermin, da sie seit einiger Zeit unter Schlafstörungen und Alpträumen leidet. Die Ärzte können ihr nicht weiterhelfen, wollen ihr deshalb Medikamente verschreiben, was sie aber ablehne, wie sie mir mitteilt. Sie sei daran interessiert, den Grund für ihre Symptome herauszufinden. Als sie zu mir in die Beratungspraxis kommt, wirkt sie stabil und aufgeschlossen; ich frage sie nach ihren derzeitigen Lebensumständen und wann die Alpträume begonnen haben. Sie berichtet, dass sie nach ihrer Scheidung vor einigen Jahren den Entschluss gefasst hat, sich politisch zu engagieren: Erst vor Kurzem sei sie Parteimitglied einer linksausgerichteten Partei geworden. Während der Scheidung steckte ihr Sohn mitten in der Pubertät; das war eine anstrengende Zeit für sie und ihn, da er den Kontakt zum Vater verweigerte. Viele Konflikte musste sie mit ihrem Sohn austragen, denen sie sich aber sehr oft nicht gewachsen fühlte. Dennoch, so betont Marianne, sei es eine wichtige Zeit mit ihm gewesen, zumal sie seine Kämpfernatur zu schätzen gelernt habe. Seit der Sohn eine Ausbildung macht und ausgezogen ist, geht es ihr recht gut, doch sie vermisste die guten Gespräche und politischen Auseinandersetzungen mit ihm. Vor einigen Monaten nun habe sich ihr Sohn nach längerer Abstinenz bei ihr gemeldet mit der Nachricht, dass er Vater wird. Das sei ein Schock für sie gewesen; schließlich sei ihr Sohn erst Anfang Zwanzig und gerade erst mit der Ausbildung fertig. Seitdem schlafe sie keine Nacht mehr durch, träume wirres Zeug und erwache schweißgebadet.

„Wie alt waren Sie, als Sie Mutter wurden?", frage ich. „Und wie war das Verhältnis zu Ihren Eltern damals?" Ich erfahre, dass Marianne ebenfalls 20 Jahre alt war und dass die Eltern sich gerade trennten. Die Mutter habe sie immer vor Männern gewarnt und kein gutes Haar an ihnen gelassen. Ich frage Marianne nach dem Jahrgang und der Kindheit ihrer Mutter: Als 10-Jährige war Mariannes Mutter mit ihrer eigenen Mutter und ihren beiden jüngeren Schwestern auf der Flucht. Monatelang fuhren sie eingepfercht in Viehwaggons durch die Lande, ohne zu wissen wohin. Manchmal blieb der Zug einfach stehen, und sie mussten bei bitterer Kälte aussteigen, durften weder miteinander reden, noch ihre Notdurft verrichten. Oft litten sie Hunger. Marianne erinnert sich, dass ihre Mutter ihr häufig erzählte, wie sie sich über die Großmutter habe werfen müssen, wenn Soldaten die Züge durchsuchten. Die Mädchen sollten dann ganz laut schreien, damit die Männer sie in Ruhe ließen. Heute wisse sie, sagt Marianne, dass die Mutter aufgrund dieser traumatischen Erfahrung ein männliches Feindbild aufgebaut habe, das sich durch ihr gesamtes Leben zog. Marianne berichtet weiter, dass ihre Mutter als Kind einen strengen Vater erlebt habe, als dieser aus dem Krieg zurückkam, und Angst vor ihm hatte, wenn er trank. Die Ehe ihrer Eltern, so Marianne, sei von Streit geprägt gewesen. „Ständig warf meine Mutter meinem Vater vor, er würde sie unterdrücken und kleinhalten, unternahm aber nichts, um sich eine Arbeit zu suchen." Marianne wurde in den Ehekrieg hineingezogen, indem ihre Mutter von ihr verlangte, zu ihr zu halten. Als Marianne älter wurde, durchschaute sie das Verhalten ihrer Mutter und zog sich emotional zurück.

Mit 19 Jahren lernte Marianne ihren späteren Mann kennen und wollte so schnell wie möglich von ihren Eltern weg, zumal diese dabei waren, sich zu trennen.

In der Schwangerschaft und der darauf folgenden frühen Ehe erlebte die junge Frau zwar tiefe Geborgenheit, fühlte sich aber gleichzeitig abhängig von ihrem Mann und begann, um ihre Unabhängigkeit zu kämpfen, was eigentlich gar nicht nötig war, denn „mein Mann war durchaus bereit, mich im Haushalt und bei der Erziehung zu unterstützen". Dennoch hatte Marianne immer das Gefühl, ihr Mann missachte ihre Wünsche nach mehr Autonomie. Unentwegt stritt sie deshalb mit ihm, was schließlich dazu führte, dass er sich in eine andere Frau verliebte und sich von Marianne trennte. Er habe genug davon, immer wieder als Täter hingestellt zu werden, sagte er.

Während Marianne ausführlich von ihrer Familiengeschichte erzählt, wird ihr plötzlich klar, dass sie sich ähnlich verhalten hat wie ihre Mutter: Auch sie griff ihren Mann verbal an und machte – da sie sich als Opfer fühlte – ihren Mann zum Täter. Als Mariannes Mann fortging, zog sie ihren Sohn auf ihre Seite, sorgte dafür, dass er sich emotional um sie bemühte und schadete damit dem Vater-Sohn-Verhältnis. Als Marianne nun erfuhr, dass ihr Sohn selbst Vater wird, brachen ihre bislang abgespaltenen Angst-Themen und damit auch das Trauma ihrer Mutter auf. Die Symptome: Schlaflosigkeit und Alpträume.

In den folgenden biografischen Beratungen setzen wir uns intensiv mit den Traumata der Herkunftsfamilie auseinander. Marianne beginnt, die Überlebensstrategien aus den Kriegszeiten und die übernommenen Familienmuster zu analysieren und emotional zu verarbeiten.

Jede Generation erhält die Aufgabe, sich von Vergangenem zu verabschieden und alte Verletzungen heilen zu lassen. Das Gefühl innerer Leere und Verzweiflung in der Altersphase hat möglicherweise damit zu tun, dass genau dieser Aufgabe keine Aufmerksamkeit geschenkt wurde: Bin ich der inneren Vergebung und Aussöhnung mit dem erlittenen Schicksal bis heute ausgewichen? Allzu oft erliegen wir der Versuchung, anderen Menschen eine Veränderung aufzuzwingen, damit wir uns nicht ändern müssen. Ein echter Friedensprozess sieht jedoch anders aus. Vielmehr müssen wir bei uns selbst anfangen und lernen, erst mit unseren eigenen Schwierigkeiten fertigzuwerden, uns mit *unserem* Misstrauen, *unserer* Furcht und *unserer* Unfähigkeit konfrontieren.

„Der Weltgeist will nicht fesseln uns und engen,
er will uns Stuf' um Stufe heben, weiten (...)."

Hermann Hesse

Erst jetzt im Älterwerden bemerken wir vielleicht, wie zögerlich wir dem Fortschritt und der Entwicklung in uns selbst Platz machen. Wir haben viel von dem erreicht, was wir wollten, und so soll es bleiben. Auch wenn das Leben sich nicht daran hält. Wir klammern uns an unseren Errungenschaften fest. Materielles Streben und Sicherheitsdenken wurden uns in die Wiege gelegt. Schließlich haben unsere Eltern, deren Erbe uns in Genen und Gewohnheiten steckt, aus Trümmern ein ganzes Land wieder aufgebaut.

Zeit für psychischen Hausputz

Es ist kein Leichtes herauszufinden, warum wir bis zur Erschöpfung gearbeitet, unsere Kinder mit Leistungsdenken überfrachtet, uns um der Unabhängigkeit willen in Beziehungen verweigert haben und bereit gewesen sind, fast jeden

Preis für eine bestimmte Lebenshaltung zu zahlen, die sich später zumindest als fragwürdig herausstellte. Mit Krisen kamen wir schlecht zurecht; wir wollten rasche Lösungen und schoben den ungünstigen Lebensumständen, dem Partner, der Firma oder der unglücklichen Kindheit die Schuld in die Schuhe. Von unseren Eltern konnten wir kaum lernen, wie es funktioniert, vom Haben ins Sein zu kommen. Sie waren gezwungen gewesen auszuhalten, was eigentlich nicht auszuhalten war. Ihr bedingungsloses Streben nach Sicherheit und Wohlstand ist deshalb nachvollziehbar. Ebenso konnten viele von uns nicht von ihnen abgucken, was eine Partnerschaft auf emotionaler Ebene gelingen lässt. Für etliche war die Ehe eine Notgemeinschaft oder ein Tauschhandel. Not schweißte sie einst zusammen; doch aus einem Mangel heraus hatte man sich nur wenig zu geben. Zwar propagierte die 68er-Generation zunächst freie Liebe und einen antiautoritären Erziehungsstil, kehrte dann aber nach einigen revolutionären Jahren entweder ernüchtert zur konventionellen Partner- und Elternschaft zurück oder lebte liberal und freizügig weiter und sorgte so für Orientierungslosigkeit – nicht nur bei den eigenen Kindern.

Es ist ein großer Entwicklungsschritt, zu erforschen, nach welchen Anschauungen die Generation vor uns lebte und nach welchen wir heute leben. Denn rasch wird uns klar, dass wir eher Kopien als Originale sind. Hirnforscher und Psychologen bestätigen, dass sich Grundannahmen über die Werte des Lebens in den Lebensjahren zwischen fünf und fünfzehn ausbilden. In dieser Phase sind wir am empfänglichsten für Ideologien, Parolen und Vorurteile. Was wir in diesen prägenden Jahren von Eltern, Großeltern, älteren Geschwistern, Lehrern und anderen wichtigen Bezugspersonen lernen, wird neuronal fest verankert, was bedeutet, dass wir die übernommenen Werte zu unseren Glaubenssätzen machen. Deshalb ist es so mühsam, sich im Alter neue Haltungen anzueignen – und genau deshalb brauchen wir für das Altwerden eine große Portion Neugier.

> „Des Lebens Ruf an uns wird niemals enden
> … Wohlan denn Herz, nimm Abschied und gesunde!“
>
> Hermann Hesse

Oftmals werden wir durch das Leben selbst gezwungen, uns immer wieder eigene Anschauungen und Haltungen anzueignen. Das kostet Kraft. Vor allem der innere Sturm und Drang in der Altersphase macht vor niemandem Halt und findet weder auf dem Golfplatz noch auf der AIDA statt. Auch erschöpfen sich diese Kräfte nicht in Ehrenämtern und im Betreuen der Enkel. Der innere Sturm und Drang bricht urplötzlich los – mit Unruhe und Revolte. Bisweilen wechselt die Stimmung stündlich. Dieses stürmische Auf und Ab ist wahrlich alles andere als eine lustige Spazierfahrt. Was immer wieder unterdrückt und nicht gelebt wurde, taucht manchmal in surrealen Träumen und Neurosen auf. An manchen Tagen werden wir irgendwie seltsam, brauchen akribische Ordnung oder gar keine; wir mögen nachts nicht mehr unterwegs sein und schließen uns ein. Schwer vorstellbar, dass dieser Lebensabschnitt zu den fruchtbarsten gehören soll … Doch die Altersforscher machen uns Mut, zumal mit der heutigen Langlebigkeit neue Chancen einhergehen. Allerdings zu einem Preis, den wir nicht ignorieren können: Demenzerkrankungen werden voraussichtlich zunehmen, und die Pflege wird nicht mehr bezahlbar sein.

Da die demografische Schere zwischen Jung und Alt immer weiter auseinanderklafft, kommen wir wohl nicht drum herum, uns um uns selbst zu kümmern und Solidarität zu leben, statt sie einzufordern. Viele werden dann bewusster darauf achten,

Freundschaften und Nachbarschaften zu intensivieren und gut mit den Kindern und Enkeln auszukommen. Männer scheinen zufriedener zu sein, wenn sie in einer harmonischen Partnerschaft leben, was nicht bedeutet, dauerhaft unter einem Dach zusammen sein zu müssen. Insbesondere ältere Semester in Zweit- oder Drittbeziehungen bevorzugen heute das „Living apart together“-Modell, wo jeder seine eigenen vier Wände hat und Liebe, Lust und Zeit freiwillig miteinander geteilt werden. Wie aber sollen wir es mit jenem Menschen aushalten, mit dem wir Tag und Nacht verbringen? Würden wir anders mit uns selbst umgehen und leben, wenn wir wüssten, wann für uns die letzte Stunde schlägt? Würden wir mehr Zeit und Liebe verschenken? Gütig lächeln, wenn jemand Fehler macht? Aussprechen, was uns am Herzen liegt? Wie wertvoll das Leben ist, erkennt manch einer erst, wenn eine lebensbedrohliche Diagnose auf dem Tisch liegt und das Schicksal etwas nimmt, was bis dahin kaum wertgeschätzt wurde: die eigene körperliche und seelische Gesundheit.

Eine der wichtigsten biografischen Aufgaben der späten Lebensstufen ist deshalb der psychische Hausputz. Er ist gewissermaßen das Pflichtprogramm, wenn sich das Tor zur Zufriedenheit für die nachfolgenden Jahre öffnen soll.

Mit 50 und 60 verfügen wir meist noch über genügend seelische Vitalität, um unsere Altlasten zu entsorgen. Ab 70 will unsere Lebensernte eingefahren werden. Besser also, wir kümmern uns schon jetzt um eine gute neue Aussaat.

„Es muss das Herz bei jedem Lebensrufe bereit
zum Abschied sein und Neubeginne, um sich
in Tapferkeit und ohne Trauern, in andre, neue
Bindungen zu geben.“

Hermann Hesse

In meiner eigenen Biografie haben sich Abschiede und Neubeginn auf sehr eindrückliche Weise gezeigt, als mein erstes Enkelkind geboren wurde und mein Vater einen Tag später starb. Damals war ich 47 Jahre alt, hatte die Silberhochzeit hinter mir und meine Unternehmertüren gerade geschlossen. In einem andächtigen Moment, als ich meiner Tochter beim Stillen ihres frisch geborenen Kindes zusah, wurde mir plötzlich bewusst, was es bedeutet, einen wichtigen Teil des Lebens schon gelebt zu haben und in der Ahnenreihe nach hinten zu rücken. In die natürliche Trauer um den Tod meines Vaters mischte sich gespannte Freude über meine neue Rolle als Großmutter, und so reifte ich unmerklich in eine neue Dimension des Lebens hinein. Plötzlich interessierte es mich, was die Menschen auf und mit der Erde anrichten. Ich hob meinen Schrebergartenblick und engagierte mich eifrig im Weltgarten. So wird es bleiben, dachte ich ...

Als mein viertes Enkelkind das Licht der Welt erblickte, war ich 54, inzwischen geschieden und neu verliebt wie zu Teenagerzeiten. Meine freiberufliche Tätigkeit erblühte, das Leben fühlte sich verheißungsvoll an. Ich war voller Zuversicht und Elan. So kann es bleiben, dachte ich ...

Auf dem Weg ins 60. Lebensjahr stellte ich fest: Die Umbaumaßnahmen nehmen eher zu statt ab. Vielfältige Verluste weichten meine Vorstellung von einem partnerzentrierten Leben auf. Das Leben schien etwas anderes mit mir vorzuhaben, als das, was ich bislang auf dem Plan gehabt hatte. Nach langem Ringen ergab ich mich ... und folgte langsam, doch immerhin tapfer dem Ruf meines Lebens. Insgesamt brauchte ich mehr als sieben Jahre, bis ich endgültig Abschied von einer Neuauflage meines alten Lebens nehmen konnte. Ich begriff, dass auch ich mich aus traumatischen Mustern meiner Kindheitsgeschichte herausarbeiten musste, um eine konstruktive Form von Autonomie und Nähe zu leben. Das neue Werden in mir war vergleichbar mit einer Geburt, verbunden mit heftigen Wehen. Nach und nach spürte ich den Lohn meiner Anstrengungen: Einige alte Freundschaften vertieften sich, neue entstanden; ich erlebte eine wandlungsbereite Liebesbeziehung, sowie eine ungeahnte Vielfalt in meiner Berufung. So vollzog sich der Wandel auf jeder Ebene – bis hin zu einem neuen Verständnis meiner Großmutterschaft. Das Leben kommt mir weiterhin freundlich entgegen, doch jetzt stoße ich selber die Türen auf, durch die ich gehen möchte. Die neue Lebensstufe kündigt sich bereits an. Seitdem fühle auch ich einmal mehr, wie viel Mut es braucht zum Lebenswandel. Doch jede einzelne Umbaumaßnahme weitet die inneren Räume, der Geist wird freier, der Körper trotz des Alters geschmeidiger, die Seele gefestigter. Mit dieser Erfahrung zieht eine bis dahin unbekannte Tugend in mein Leben. Die Demut. Wie die Liebe, so gedeiht auch die Demut, wenn einengende Denkmuster und Egostrukturen wie eine schwere Krankheit überwunden sind. Ich werde mich allerdings hüten zu sagen: So wird es jetzt bleiben ... Glücklicherweise habe ich lernen dürfen, dem Zauber jeden (Neu-) Anfangs zu vertrauen.

„Und jedem Anfang wohnt ein Zauber inne,
der uns beschützt und hilft zu leben."

Hermann Hesse

Meine Generation schien mit allen Wassern gewaschen. Sie bot der Welt mit scharfem Verstand die Stirn und kämpfte gegen bürokratische Windmühlen. Geistige Widerstandsbewegung hielt ihr Hirn fit und verschaffte „Satisfaction". Diejenigen, die ihre flippigen Hippiezeiten und heißen „Sex, Drugs & Rock'n'Roll"-Jahre verdrängt haben, behaupten nun, Sex sei anstrengend und nutzlos geworden, lesen aber „Shades of Grey", um sich heimlich am Spiel von Dominanz und Unterwerfung zu ergötzen. Vor Slow Sex und dem Tao der Liebe scheuen sie zurück, da sie sich dann tatsächlich nackt begegnen würden. Und Liebe ist für die meisten ein strapaziertes Wort, weil Hingabe mit Selbstaufgabe und Intimität mit sexuellen Praktiken verwechselt wird. Etlichen geht es finanziell vergleichsweise gut, und sie bewohnen ihre Einfamilienhäuser inzwischen allein, weil die Partner gegangen sind. Sie können tun und lassen, was sie wollen ... Aber sind sie auch zufrieden? Kränkeln die einen an Überdruss und an Unterforderung des Geistes, nörgeln sich die anderen durch die Gegend und sorgen dafür, dass ihnen niemand mehr Gesellschaft leisten will. Die Freude am Dasein scheint wie abgestorben und hat für Misstrauen und Langeweile Platz gemacht.

Vom Zauber der Aufbruchsstimmung

Es ist aber auch zu beobachten, dass immer mehr Menschen nach Jahren des Umbruchs ihren Aufbruch wagen und bewusst durchstarten. Sie wählen zielgerichtet aus, wo sie gebraucht werden, was sie zu bieten haben, welche Fähigkeiten sie weiterentwickeln und vertiefen wollen, und welches Lebens- und Liebesmodell jetzt passend ist. Mittlerweile wissen sie um die Kunst des Weglassens und dass weniger manchmal mehr ist. Tatsächlich erscheint das Angebot an Möglichkeiten nur so lange spärlich, wie wir uns vergangenheitsorientiert verhalten und den leeren, noch unbewohnten Raum vor uns gar nicht wahrnehmen. So stehen unserer Generation sogar mehr Wege offen, als wir gehen können. Allerdings weisen diese Wege zunächst nach innen und fordern ein längeres Innehalten, eine fragende Haltung, bevor der Weg im Außen gangbar ist. Dabei ist durchaus zu erkennen, dass jeder von uns Pionier ist, wenn wir das Land des Alterns betreten.

Grundlagen der Biografiearbeit

In den biografischen Einzelcoachings erlebe ich immer wieder, dass Menschen, die ihre Lebenskrisen und Lebensübergänge biografisch genutzt haben, an ihren Erfahrungen gereift und keineswegs gescheitert sind. Sie gingen empathischer und einsichtiger mit sich und ihren Schwächen um. Vielen ist es gelungen, eine neue Haltung zu entwickeln, die dazu beitrug, das kleingeistige, diskursive Denken hinter sich zu lassen. Ihre Liebesfähigkeit und natürliche Güte vertieften sich, während alter Groll sich mehr und mehr verabschiedete. Viele ältere Menschen setzten ausstehende Lebenspläne in die Tat um und kümmerten sich entschlossen um ihre Freudenbiografie: Sie lernten, auf das zu schauen, was sie gestärkt, ermutigt und erfreut hat, und konnten schließlich zufrieden auf die Lebensjahrzehnte zurückblicken.

Die *strukturgebende Biografiearbeit* zeigt individuelle Entwicklungsaufgaben und Wahlmöglichkeiten auf. Ursprünglich basiert sie auf Rudolf Steiners Forschungen der geistigen, seelischen und körperlichen Entwicklungszyklen und auf Erik H. Eriksons Stufenmodell des vollständigen Lebenszyklus. Darüber hinaus bezieht die moderne Biografiearbeit Erkenntnisse der Hirnforschung und Traumaarbeit mit ein. Der biografische *Erwachsenenzyklus* unserer Zeit lässt sich in drei Ebenen einteilen. Die *erste Ebene* bezieht sich auf die Zeitspanne von 18 bis 30 Jahren. Wobei die Jahre um die 20 noch zu den zögerlichen gehören. Nach all den Strapazen der Jugendzeit will man erst noch mal richtig Spaß haben, bevor es an den Lebensstart geht. Die *zweite Ebene* bezieht sich auf die Zeitspanne von 30 bis 45 Jahren. Doch noch bevor man 30 wird, kommt es zu einer ersten Bestandsaufnahme, und dann geht es mit „Drive“ los in den Ernst des Lebens. Um die 40 winken bereits die ersten Abschiede von Möglichkeiten; man stirbt die kleinen Tode, die sich wie eine Midlife Crisis anfühlen. Die *dritte Ebene* wird nach 45 Jahren erklommen. Jetzt mehren sich die Sterblichkeitskrisen, bevor es zu inneren Neugeburten kommt. Dann aber nimmt man, so um die 50, richtig flott an Fahrt auf, setzt zu geistigen Höhenflügen und Spitzenleistungen an, bevor kurz vor dem 60. Jahr erneut innegehalten wird. Nun ist man bereits unterwegs zur Ganzheit, hat seine Sinnkrisen allmählich verstanden, geht wieder Risiken ein, wagt Abenteuer und erlangt oft erst jetzt die Reife in der Liebe. Nach 70 Jahren wird es leichter, mit dem Loslassen, und das geistige Potenzial der Weisheit kann aufblühen.

Biografische Beratung mit Paaren

In der langjährigen Arbeit mit Paaren hat sich gezeigt, dass den meisten partnerschaftlichen Problemen – biografisch bedingt – unterschiedliche Bewältigungsstile zugrunde liegen. Sie treten vor allem in Belastungssituationen zum Vorschein und wirken sich destruktiv aus, was zu massiven Störungen im Miteinander führt. In der herkömmlichen Paarberatung werden biografische Lebensaufgaben und nicht verarbeitete traumatische Erfahrungen weniger berücksichtigt; vielmehr wird der Blick auf das aktuelle Geschehen gelenkt und am derzeitigen Verhalten gearbeitet. Das mag zwar kurzfristig für eine Verhaltensänderung sorgen, langfristig aber bleibt der Weg zu tiefgreifender Veränderung versperrt, weil die innere Einsicht in familiäre Zusammenhänge fehlt.

In der Paarberatung arbeite ich seit vielen Jahren mit Hermann Galle zusammen, der sich auf die Folgen traumatischer Erfahrungen spezialisiert hat und mir für dieses Buch wichtige Impulse und Denkanstöße gegeben hat.

Gebrauchsanweisung für das Buch

Lesen Sie das Buch in aller Ruhe durch und widmen Sie sich, immer wenn Sie mögen, Ihrer Biografie. Zu jeder Lebensstufe (Jahrsiebt) finden Sie sinnstiftende und anregende Fragen, die Sie schriftlich beantworten können. Dieser innere Dialog ist ein guter Einstieg für Ihre persönliche Biografiearbeit. Denn wenn Sie Ihre Lebensgeschichte *für jemanden* aufschreiben beziehungsweise jemandem erzählen, können Sie jederzeit weglassen, was Ihnen unangenehm oder peinlich ist. In der Biografiearbeit hingegen stellen Sie sich Ihrer Biografie mit all ihren Brüchen und Krisen: Aus den Antworten auf die Fragen zu den Jahrsiebten tauchen verblasste oder verloren geglaubte Erinnerungen wie von selbst auf; eine neue Sichtweise auf das Gewesene kristallisiert sich heraus. So kann beispielsweise eine schmerzhafte Erfahrung im Kindesalter aus einer angemessenen Distanz heraus betrachtet werden, was wiederum zu neuer Einsicht führen und somit in eine reife Haltung münden kann. Und *die Biografie-Parabel* (siehe Seite 181) verschafft einen Überblick über die jeweiligen Lebensabschnitte. Selbstverständlich können Sie eigene Anmerkungen in diese Parabel eintragen. So verknüpft sich eine konstruktive Vergangenheitsbewältigung bei bewusster Wahrnehmung dessen, was war, mit der Gegenwart und ihren zukünftigen Aufgaben.

Die Beispiele in diesem Buch wurden so abgewandelt, dass die Anonymität der Personen gewahrt bleibt.

Mut zum Lebenswandel

„Es gibt tausend Wege für jeden,
tausend Möglichkeiten der Geburt,
der Wandlung, der Wiederkehr."

Hermann Hesse

Irgendwann im Laufe des Lebens stellen sich Fragen wie diese: Was wäre wohl anders geworden, wenn ich dieses oder jenes gemacht hätte? Wenn ich statt zu studieren, ein Handwerk gelernt hätte, wenn ich, statt aufs Land zu ziehen, in der Stadt geblieben wäre, wenn ich ein freies ungebundenes Leben geführt hätte, statt zu heiraten ... Wo stünde ich dann heute? Ob der eingeschlagene Weg der richtige gewesen ist, wissen wir nicht, auch ob es überhaupt den richtigen oder den falschen Weg gibt, können wir nicht beantworten. Aber wir können sehr wohl sehen, was auf unserem Weg in die Entwicklung gekommen ist und woran wir gereift oder nicht gereift sind. *Wie* wir auf unser Leben schauen, *wie* wir etwas beurteilen und welche Erfahrungen wir daraus ableiten, hängt allerdings mit unserer Biografie zusammen. Prägungen durch die Herkunftsfamilie, das soziale Umfeld sowie unsere individuellen Persönlichkeitsanteile und unser psychisches Erleben, all das beeinflusst uns. Solange wir uns in abhängigen Systemen wie Familie, Schule, Lehre, Ausbildung befinden, bleibt unsere Entwicklung abhängig von dem, was dort möglich ist. Läuft das Leben für uns rund, haben wir den Eindruck, das Richtige zu tun und sorgen uns nicht. Wie aber meistern wir das Leben unter erschwerten Bedingungen? Wenn das Leben an uns zerrt oder zu entgleiten scheint? Wenn wir am Sinn des Lebens zweifeln und aufkeimende Ängste uns die Luft zum Atmen nehmen? Wenn sich das psychische Wohlbefinden trotz Psychotherapie, Kur und Klinikaufenthalt, Selbsterfahrungs- und Meditationskurs nicht dauerhaft stabilisieren lässt? Wenn man doch schon alles getan hat ... Was kann man dann noch tun?

Im Wartesaal der Entwicklung

Einige dieser äußeren, meist kostenpflichtigen Angebote nutzen wir als Fluchtpunkte oder Auszeitinseln. Ist der Kurs oder Kuraufenthalt vorüber, flaut die Motivation, auf der Veränderungsspur zu bleiben, allmählich wieder ab. Bei der nächsten Krise stehen wir dann erneut vor dem gleichen, eigentlich längst bekannten Problem ... Eine Krise kommt selten über Nacht; in der Regel entwickelt sie sich aus einer problematischen Situation heraus, der wir uns nicht gewachsen fühlen und deren innewohnende Aufgabe wir noch nicht erfassen. In den verschiedenen Wissenschaftszweigen gibt es unterschiedliche, sich ergänzende Thesen zum Umgang mit Krisen: Genetiker gehen davon aus, dass unsere Erbanlagen daran beteiligt sind, wie wir Krisen meistern. Bindungsforscher führen die Fähigkeit zur Resilienz auf eine als sicher erlebte Bindung und ein daraus resultierendes Selbstwertgefühl zurück. Moderne Hirnforscher sprechen von der Möglichkeit lebenslangen Lernens und sind der Ansicht, dass unter förderlichen Bedingungen bis ins hohe Alter neue neuronale Verknüpfungen gebahnt werden können. Traumaforscher wiederum richten ihren Blick auf die Folgen unverarbeiteter Traumata, auf die daraus resultierenden psychischen und körperlichen Probleme. Sie decken Traumaenergien und Traumaanteile auf, die bisweilen unbewusst über Generationen hinweg weitergereicht werden. Heute werden traumatisierte Menschen häufig sofort psychisch aufgefangen, damit das Erlebte verarbeitet wird und nicht mehr verdrängt werden muss. Der Mensch braucht deshalb nicht nur Mut, sondern auch viel Ausdauer und Konsequenz, um sich dem notwendigen Wandel, seinen Entwicklungsaufgaben und Chancen immer wieder aufs Neue zu stellen. Wer den Mut zum Lebenswandel aufbringt, sollte auch auf die Hindernisse, die auf dem Weg der Veränderung auftauchen können, gefasst sein. Nicht zuletzt sind es oft Verwandte, Nachbarn, Freunde, vielfach auch der Partner oder die Partnerin, die auf einen eingeleiteten Veränderungsprozess verwundert bis abwehrend reagieren. Zwar erhoffen sie sich eine Verbesserung der Umstände, erwarten aber gleichzeitig, dass der Mensch so bleibt, wie sie ihn kennen. Tatsächlich scheinen nur die wenigsten Menschen jemanden in ihrem näheren Umfeld an der Seite zu haben, der Mut machend und aktiv unterstützend wirkt. Paradoxerweise jedoch ermöglicht gerade die mangelnde Bereitschaft derer, von denen Beistand wünschenswert wäre, die Motivation, sich der eigenen Veränderung zu stellen. Nahe Angehörige sollten daher ihrerseits berücksichtigen, dass jede Veränderung eine gewisse Unruhe ins System bringt und früher oder später zur eigenen Veränderung auffordern wird. In einer biografischen Paarberatung wird rasch deutlich, wie ernst gemeint die Wünsche nach Veränderung wirklich sind. Oft erhofft sich einer von beiden zunächst die Zurück-Veränderung des anderen, um so dem eigenen bevorstehenden Wandlungsprozess auszuweichen.

In der Rückschau offenbaren manche Krisen auf Anhieb ihren Sinn, bei anderen erschließt er sich erst nach und nach.

Biografische Lebensmuster entschlüsseln

In Erinnerungen zu schwelgen und das Beste immer wieder neu aufzulegen, ist ein Genuss: Liebeserklärungen und jugendliche Treueschwüre, das erste eigene Auto, Traumreisen, berufliche Auszeichnungen und Beförderungen, die Geburt der Kinder, die eigenen vier Wände … Das alles hinterlässt unauslöschliche Spuren, die man sich gerne ab und zu anschaut. Doch niemand schaut gern zurück, wenn das Leben hart und entbehrungsreich war. In den Generationen vor uns ging es überwiegend um die Existenzsicherung und die Notwendigkeit zu überleben. Notzeiten erfordern immer Kampf und Mut; das Hoffen und Bangen gräbt tiefe Spuren in den Lebenslauf. Daher ist es für uns aufschlussreich, danach zu forschen, was Eltern und Großeltern uns vermittelt und vorgelebt haben. Wie sie mit den damaligen Lebensbedingungen umgegangen sind, überträgt sich auf uns und wird als Lebensmuster an uns weitergegeben. Wir wissen heute so manches darüber, welche Einflüsse traumatisch unverarbeitete Ereignisse auf die DNA und damit auf die Botenstoffe im Hirnstoffwechsel haben. Die Folgen: psychische wie physische Probleme. Glücklicherweise sind genetische Strukturen aber nicht statisch, sondern verändern sich durch äußere Eindrücke. So wird ein gehemmtes Kind in einer wohlwollend fördernden Umgebung unbefangener reagieren als in einem Umfeld, das verzagt und furchtsam auf sämtliche Einflüsse von außen reagiert. Insofern sind positive Erfahrungen wichtiger als die genetische Disposition. Ein stabiles soziales Netz aus Familie und engen Freunden, das emotionale Nähe und Autonomie, Gemeinschaft und Solidarität fördert, trägt zu einem gelingenden Leben bei. Können wir uns auf die wichtigsten

Menschen in unserem Umfeld verlassen, reifen wir durch positive Erfahrungen.

Auch Liebes- und Lebenspartner können neue Orientierungspunkte und Lebensmodelle liefern, wenn herkömmliche Familienstrukturen nicht ausreichend tragen. Dabei gilt es jedoch, realistisch zu bleiben: Schwer traumatisierte Menschen werden nicht dank neuer Erfahrungsfelder und empathischer Unterstützung gesund. Vielmehr sind dann zwei Aspekte bei der biografischen Therapie besonders wichtig: Zum einen geht es zunächst darum, seine Defizite, seine Schwächen und Probleme zu achten und anzuerkennen. Für die Beratung bedeutet dies, die Selbstregulationskräfte zu unterstützen und den Menschen bei der Suche nach neuen Freiheitsqualitäten im Denken, Fühlen und Handeln zu begleiten. Die persönliche Frage, die sich für den Einzelnen daraus ableitet, lautet: *Was willst du heute mit der Erfahrung machen?* Zum anderen ist jede Erfahrung im Zusammenhang mit der eigenen Biografie zu sehen, weil sie sowohl einen Vergangenheits- als auch einen Zukunftsaspekt hat. Das heißt, es findet ein Paradigmenwechsel statt: von der Defizitorientierung zur Lösungsorientierung bei gleichzeitigem Verzicht auf den Machbarkeitswahn. Für den Berater und den Klienten bedeutet dies, zwischen Problem und Lösung, Freiheit und Gebundenheit, Einzelheit und Zusammenhang zu pendeln. In erster Linie geht es darum, dem Klienten dabei zu helfen, zu seinem ursprünglich gesunden Zustand zurückzufinden und die ihm innewohnenden Kräfte zu aktivieren. Denn erst wenn sich der Klient wohler und stabiler fühlt, ist er in der Lage, mutig nach Wegen und Lösungen zu suchen. Eine zentrale Grundentscheidung zur Förderung von Resilienz besteht daher in der inneren Überzeugung, dass es einem gutgehen darf. Wie bei dem Salutogenese-Modell, das von Aaron Antonowsky entwickelt wurde, nachdem er herausgefunden hatte, dass weibliche KZ-

Überlebende trotz extremster Belastung „gesund“ waren, gilt auch für die Traumaforschung: Bringen die Menschen es fertig, den „sense of coherence“, also eine gesunde Wahrnehmung für Zusammenhänge, Sinnhaftigkeit und Einflussmöglichkeiten zu entwickeln? Was sie dazu brauchen, ist eine Dialogform, die ihnen hilft, sich nicht nur mit ihrer Opferhaltung zu identifizieren, sondern den Gesamtkontext zu erfassen (Wie konnte es geschehen, dass sie Opfer wurden?) – und dass sie fühlen dürfen, was ihnen einst geschah. Das ist meist ein langer Prozess, der aber ebenso oft in eine Heilung mündet.

Die mehrgenerationale Psychotraumatologie

Diese noch recht junge Wissenschaft weist auf eindringliche Weise darauf hin, wie wichtig es ist, die Biografie der Eltern, Großeltern und zuweilen auch die der Ur-Großeltern zu durchforsten, um zu verstehen, in welch verwirrendes und belastendes Lebensumfeld diese Menschen hineingeboren wurden. So lässt sich auch erst heute – siebzig Jahre nach Ende des Zweiten Weltkriegs – verstehen, was das Leugnen von Mitschuld und Mitverantwortung am Krieg für diese Generationen und deren Nachkommen bedeutet haben mag.

Familiengeheimnisse und Tabus belasten ganze Generationen und finden sich in fast allen Familien. Da gibt es nicht nur verheimlichte Kinder, vertuschte Liebschaften oder unterschlagene Besitztümer, sondern auch grausame und gewalttätige Handlungen, die unter den Teppich gekehrt wurden. Viele Menschen waren damals Mitläufer und Anhänger des Naziregimes und nahmen billigend in Kauf, was um sie herum geschah. Sie waren fanatisch in ihrer Anhängerschaft, denunzierten und verrieten – und leugneten nach Kriegsende jegliche Mitverantwortung. Das Aufdecken solcher Leidquellen bedeutet daher nicht nur innerhalb der eigenen Familie einen

Tabubruch, sondern ist inzwischen zu einer gesellschaftlichen Aufgabe geworden. Bis zu einem gewissen Grad ist es möglich, eigene und übernommene Traumata zu überwinden; aber es gibt durchaus Geschehnisse, die so schrecklich und unaushaltbar waren, dass sie niemals vollständig heilen werden. Dann gilt es, mit dieser Wunde zu leben und sie bestmöglich ins Leben zu integrieren. Das ist zwar eine unbequeme Wahrheit, die in unserer lösungssüchtigen Gesellschaft wenig Gehör findet, aber genau das ist die Voraussetzung für innere Klarheit. Deshalb führt wiederum kein Weg daran vorbei, seine abgespaltenen Gefühle erst einmal wahrzunehmen und sie anzuerkennen; denn nur dann können sie keinen weiteren Schaden im Inneren anrichten. Eine echte Verbindung zu sich selbst aufzunehmen funktioniert nicht über das Denken, sondern ausschließlich über das Fühlen. Nur so eröffnen sich die Möglichkeiten, dem eigenen Leben eine andere Wendung zu geben. Wem dieser Weg als lohnenswert erscheint, macht sich auf – unbeirrt und beharrlich –, um auf diese Weise seine gesunden Anteile zur Entfaltung zu bringen. Das Ergebnis: Wir sehen das Leben, wie es ist, und halten uns nicht länger mit lähmenden Traum- und Wunschbildern auf.

Die Lebensspur wiederfinden

Wer seine Wunden nicht beachtet, der wird von ihnen bestimmt, weil sie die Lebensspur verfälschen. Wir meinen vielleicht, dass wir unser eigenes Leben leben, in Wirklichkeit jedoch wiederholen wir nur die Verletzungen der Kindheit. Es geht allerdings nicht nur darum, seine Wunden anzuschauen, sondern auch die positiven Ressourcen zu sehen, die Quelle, aus der unsere Seele seit der Kindheit trinken durfte. Wenn wir wieder in Berührung kommen mit unserem ureigenen Wesen, werden wir aufblühen; unsere Energie wird wieder fließen, und wir werden spüren, dass sich das Leben jeden

Moment lohnt. Dieses spürbare Fließen der Energie ist nötig, um in unsere Lebensspur zu finden. Alles, was uns begeistert, was uns erfreut und zufrieden macht, erwächst aus unserem ureigenen Wesen heraus, ganz unabhängig davon, was andere davon halten. Das ist die Spur, die unser Wesenskern hinterlassen will. Besteht meine Lebensspur in der Sorge für andere, empfinde ich Freude dabei – es tut mir gut. Wenn ich aber nur deshalb anderen helfe oder für sie arbeite, um meine Mutter- bzw. Vaterwunde nicht spüren zu müssen oder um meinen eigenen Schmerz über mangelnde Zuwendung zu betäuben, dann werde ich sehr schnell überfordert, erschöpft und ausgebrannt sein.

Auffallend ist, dass viele Führungskräfte, die einen schweren Burnout und Sinnkrisen hinter sich haben, versuchen ins Sein zu kommen. Das bis dahin hemdsärmelig aufgebaute Ego verhinderte in vielen Fällen die Sinnhaftigkeit eines zufriedenen Tuns. Irgendwann sind die psychischen Kräfte erschöpft, bis sie endgültig versagen – und das Egogebilde zusammenstürzt. Erst jetzt sind die Betroffenen in der Lage, die entscheidende Wende einzuleiten, das bisherige Leben in Frage zu stellen und neue Wege zu beschreiten.

Doch der Weg zu sich selbst, zu dem, was einen eigentlich ausmacht, ist stets wie eine Alpenüberquerung, mühsam und steil – aber auch ebenso inspirierend und aufregend. Wer also bereit ist, die Illusion über eine schnelle und bequeme Heilung fallen zu lassen, schreitet in der Regel langsam, aber kraftvoll voran, passiert zielstrebig Meilenstein um Meilenstein.

Uns von vertrauten Selbsttäuschungen zu trennen fällt uns aber nicht gerade leicht. Entsprechend stark ist der innere Widerstand. Hier ist ein hohes Maß an Selbstdisziplin und Selbstverantwortung gefragt, was für die eingefleischten Egostrukturen ziemlich anstrengend ist. Lieber geben die

Menschen sich dem Trugschluss hin, alles im Leben müsse kontrollierbar und abgesichert sein. Für fast jedes Problem werden übereilte Erklärungen und Heilswege präsentiert oder strikte Verbote aufgestellt. In unserer schnelllebigen Gesellschaft ist es deshalb unpopulär, sich Zeit zu nehmen, um sich mit den tiefer liegenden Gründen eines Problems oder einer Krise zu beschäftigen. Befreien wir uns jedoch von dem Druck, eine rasche Lösung finden zu müssen, überwinden wir nach und nach auch unsere Vermeidungsstrategien – und wir erkennen unsere selbstschädigenden Verhaltensmuster.

Dem Leben ein neues Gewand schenken

Wie aber können unverarbeitete Ereignisse innerhalb der Biografie einen angemessenen Ausdruck finden? Die größte Not besteht darin, über belastende Dinge nicht reden zu dürfen. Sei es die Abtreibung eines Kindes, die Trunksucht des Vaters, die Depression der Mutter oder die Mitschuld am Tod eines Kriegskameraden. Zum Schweigen verurteilt zu sein ist eine schwere Last, die zu inneren Belastungen wie Unruhe, Nervosität, Anspannung, Schlaflosigkeit, Herzrasen, Bluthochdruck und vielem mehr führen kann. Um das Schweigen brechen zu können, benötigen wir vor allem eine vertrauensvolle Umgebung und Menschen, die uns vorurteilsfrei zuhören. Manchmal haben wir sie als Freunde, als Partner oder Partnerin bereits an unserer Seite. Diese Menschen sollten aber nicht als „Therapeuten" benutzt werden, weshalb es viel sinnvoller ist, professionelle Zuhörer aufzusuchen, um ungestört über quälende Dinge reden zu können. So wird nahestehenden Menschen auch nichts aufgebürdet, was sie gar nicht tragen können.

Was aber, wenn wir zu niemandem gehen wollen, weil wir uns schämen, nicht allein damit fertig zu werden?

Kraftquelle biografisches Schreiben

Um das bedrückende Schweigen zu brechen, können wir uns die schmerzvollen Ereignisse zunächst „von der Seele schreiben“. Das sogenannte biografische Schreiben hilft dabei, sich von schmerzvollen Ereignissen zu lösen und die daraus resultierenden Erkenntnisse als Kraftquelle nutzbar zu machen. Wir ermüden, wenn wir uns nicht ausdrücken dürfen und zum Schweigen verdammt sind, und mit der Ermüdung gehen Erschöpfung und Resignation einher.

Kleiner Leitfaden für biografisches Schreiben

Der Sinn des biografischen Schreibens: Klarheit und Akzeptanz. Meine langjährige Erfahrung in der Biografiearbeit mit älteren Menschen hat gezeigt, dass viele belastende Dinge mittlerweile zu gefährlichen „Altlasten“ geworden sind, weil man es nie gewagt hat, darüber zu sprechen. Die meisten haben es deshalb als Befreiung erlebt, sich Belastendes endlich von der Seele zu reden oder auch schreiben zu können.

Legen Sie sich zum Beispiel ein schön gebundenes Heft zu, und schreiben Sie zunächst alles auf, was Ihnen durch den Sinn geht. Achten Sie nicht auf eine Gliederung und einen strukturierten Aufbau, vergessen Sie bitte, was Sie in der Schule gelernt haben, lassen Sie Ihren Gedanken freien Lauf: Führen Sie einen inneren

Monolog. Manche schreiben am Morgen, bevor sie aufstehen, andere lieber am Abend, bevor sie schlafen gehen. Manche schreiben gerne mit der Hand, andere setzen sich an den PC oder Laptop. Meine Erfahrung ist, dass das Handgeschriebene eher das Unbewusste anregt, während das Schreiben am PC zu mehr Korrekturen führt. Finden Sie selbst den Unterschied heraus. Es gibt da kein Falsch, sondern nur ein Experimentieren. Es ist hilfreich, sich das Geschriebene immer wieder durchzulesen, weil sich dann weitere Türen der Erinnerungen öffnen und dies den Schreibfluss fördert.

Biografisches Schreiben ermöglicht eine Chronologie, die Zusammenhänge herstellt. Man lernt sich selbst schreibend besser kennen, blockierte Erinnerungen werden freigesetzt.

Es geht keineswegs um sprachliche Stilsicherheit oder Gewandtheit in den Formulierungen, sondern einzig darum, einen Prozess anzustoßen, der zu Selbstbesinnung, Klärungen und gegebenenfalls zu einer neuen Standortbestimmung führt. Gedanken, Gefühle und Ideen werden neu geordnet.

Eine ausgezeichnete Einstiegsmöglichkeit ist das Interview mit sich selbst. Impulsfragen wie „Was war die wichtigste Zeit in meinem Leben?“, „Wem würde ich gerne noch einmal begegnen und weshalb?“, „Gab es in unserer Familie ein Tabu?“, „Welches war die schwierigste Phase in meinem Leben und wie bin ich damit umgegangen?“, führen zu spannenden Kurztexten, die auf neuralgische Lebenspunkte hinweisen und schreibend aufgearbeitet werden.

Wer das Gefühl hat, erst einmal „üben“ zu müssen, kann mit einem Teilbereich beginnen. Fragen wie „Welcher Geruch erinnert mich an meine Kindheit?“, „Welchen Spitznamen hatte ich als Kind?“ oder „Welche Musik habe ich als junger Mensch besonders gemocht? Und wie empfinde ich sie heute?“ können das Tor zur Erinnerung öffnen. Erwecken Sie all Ihre Sinne, wenn Sie nach weiteren Fragen suchen. Sehen, riechen, schmecken, hören und fühlen Sie, was bedeutsam für Sie war.

Empfehlenswert ist auch die Skizzierung eines Menschen, der einem in der Kindheit oder Jugendzeit nahegestanden hat, und die Schilderung dieser Beziehung. So kann sich beim Schreiben eine Dynamik entwickeln, bei der sich ganz unvermutet Gedanken- und Erlebnisstränge miteinander verbinden.

Eine ausgesprochen wohltuende Übung ist die sogenannte Freudenbiografie. Schreiben Sie all das auf, was Sie gefreut, angeregt oder beglückt hat. Dabei integrieren Sie aber auch, was Sie als störend oder dramatisch empfunden haben. Der Gewinn besteht darin, dass Sie heute in der Lage sind zu erkennen, welche Kräfte Ihnen daraus erwuchsen. Eine solche Biografie der Freude macht überaus dankbar und erzeugt ein zufriedenes Einverständnis mit dem Leben, so wie es war. Denn alles hat seinen Platz und seinen tieferen Sinn im persönlichen Lebenskreis.

Freude ist der beste Dünger

Gedanklich sind wir jederzeit Schöpfer und Gestalter unseres Lebens und in der Lage, einen Wandel einzuleiten. Wir wissen, dass wir uns gedanklich einmauern, aber auch wieder befreien können. Wir sind in der Lage, unsere seelische Kraft zu nutzen, um aus alten Kümmernissen auszusteigen und alte Denkfehler und Fehlschläge zu akzeptieren. Wir haben Versuch und Irrtum gewagt, waren also durchaus wagemutig und nicht zögerlich. Insofern sind wir uns auch darüber im Klaren: Erst nach einer Reihe von Misserfolgen kann sich Erfolg einstellen, erst durch Missgeschicke werden wir geschickter im Umgang mit Möglichkeiten. Wir gestehen uns sogar ein, dass wir bisweilen vor Chancen zurückgeschreckt sind, weil es sich in der Komfortzone gerade ganz angenehm leben ließ. Und dass so manche Pechsträhne zum Leben dazugehört, ist auch nichts Neues; wie sonst könnten wir unser persönliches Glück wertschätzen, wenn es sich unverhofft einstellt? Eigentlich wissen wir das alles, und trotzdem hadern wir mit unserem Leben, bocken wie ein kleines Kind, das noch nichts von den Höhen und Tiefen des Lebens versteht. Wenn wir es aber schaffen, augenzwinkernd zuzugeben, dass wir uns im Laufe des Älterwerdens keinen Heiligenschein aufsetzen wollen, sondern uns verständnisvoll mit unseren Unzulänglichkeiten anfreunden, ist schon viel gewonnen. Denn Humor, Witz und eine gesunde Portion Selbstironie bewahren vor Scheinheiligkeit und Selbstüberschätzung.

Wie also schauen Sie auf Ihr bisheriges Leben? Können Sie trotz mancher Trümmerhaufen einen kleinen Lustgarten anlegen? Fragen Sie sich: „Bin ich wenigstens teilweise versöhnt mit meiner Lebensgeschichte oder hadere ich mit dem, was nicht gelungen zu sein scheint? Wie pfleglich gehe ich mit meinen Sinnenfreuden um? Und wie sieht es mit den feingeistigen Dingen aus, mit dem, was mich seelisch nährt? Bereue ich etwas getan oder etwas *nicht* getan zu haben?" Mit diesen Fragen nähern wir uns den entscheidenden Sinnfragen der späten Jahre: „Wofür lebe ich eigentlich?" „Für eine liebevolle Gemeinschaft und ein friedvolles Miteinander?" „Für einen achtsamen Umgang mit den Ressourcen der Erde?" „Lebe ich, um anderen zu gefallen, für ein bisschen Anerkennung?" „Oder lebe ich für Menschen, deren Liebe ich immer noch nachlaufe?" „Warum habe ich einen Beruf, der mir zwar materielle Sicherheit, aber keine Zufriedenheit verschafft?" „Bin ich überhaupt in der Lage, mir selbst Liebe und Freundschaft zu geben?"

Freude, schöner Menschenfunken

Die Freudenbiografie, die das Leid zu integrieren weiß, ist vielleicht das schönste Geschenk, das wir uns machen können. Wir fragen uns dann nicht mehr, was wäre wohl anders geworden, wenn ... Stattdessen sind wir einig mit uns und dem, was uns hat werden lassen, so wie wir sind. Wir strahlen Güte aus, statt über Gutes zu reden. Wir reichen die Hand, statt Versöhnung zu fordern, und unterstützen tatkräftig in unserem nahen Umfeld. Freude entsteht aus sinnstiftendem Tun. Insgesamt werden wir mit jedem Wandel gelassener umgehen, wenn wir verstanden haben, dass auf jede extreme Pendelbewegung des Lebens eine Gegenbewegung erfolgt, bis sich eine Balance einstellt.

Im Sturzflug flügge

Es gibt Phasen im Leben, in denen uns genügend Zeit für unsere Entwicklung gegeben wird, und es gibt Zeiten, da müssen wir uns die Zeit bewusst nehmen. Schon auf der Säuglingsstation ist zu beobachten, wie jedes Baby seinen eigenen Rhythmus des Schlafens und Wachens findet. In Kleinkindgruppen erleben wir, wie unterschiedlich schnell jedes Kind vom Krabbeln ins Laufen kommt. Und jede Grundschullehrerin weiß, dass Erstklässler ihr eigenes Tempo beim Rechnen, Lesen und Schreiben an den Tag legen und wie früh sich deren Vorlieben und besondere Begabungen zeigen. Wächst das Kind zum Jugendlichen heran, unterliegt sein Körper einem individuellen Hormonstatus, der das Signal zur Geschlechtsreife gibt. Während der eine Junge regelrecht in die Höhe schießt, bleibt der andere zunächst ziemlich schmächtig. Formen sich bei dem einen Mädchen erste weibliche Rundungen, bleibt das andere kindlich staksig. Patzig und aufmüpfig die einen, angepasst und strebsam die anderen. Wie sich unsere Entwicklung vollzog, konnten wir in jungen Jahren kaum bewusst beeinflussen oder gar lenken; sie war das Ergebnis von Veranlagung, Prägung und Persönlichkeitsstruktur.

Das emotionale Klima und die Rahmenbedingungen in Elternhaus, Kindergarten und Schule müssten also schon optimal sein, damit Kinder und Jugendliche ohne jegliche Störung, ohne jedes Defizit aufwachsen. Was eine entwicklungsbedingte Störung ist, darüber befinden in der Regel Kinderärzte, Erzieher und Pädagogen. Doch nicht jede Verzögerung ist eine Störung und als solche behandlungsbedürftig. Es sollte das Recht eines Kindes sein, sich in seinem eigenen Tempo entwickeln zu dürfen. Und Auseinandersetzungen mit widrigen Umständen sind elementar für die emotionale Lebensreife.

Seit einiger Zeit mehren sich kritische Stimmen, die darauf hinweisen, dass es eher die Eltern sind, die bei ihren Kindern Störungen verursachen, weil sie argwöhnen, dass sich ihr Kind nicht der „Norm“ entsprechend entwickelt, und deshalb vehement nach noch mehr Förderung und Therapieangeboten verlangen.

Problemkinder haben Problemeltern

Ein Ursprung kindlicher Störungen findet sich im problembelasteten Beziehungsgefüge zwischen Mutter und Kind. Es kommt vor, dass eine Mutter ihren Säugling emotional nicht oder nur schwer annehmen kann. Hier braucht es ein vorsichtiges biografisches Nachforschen, um die Ursache dafür herauszufinden. Einige Mütter lehnen ihr Kind schon während der Schwangerschaft ab, weil sie den Vater des Kindes ablehnen, von ihm betrogen oder verlassen wurden. Andere bekommen Kinder, weil es gerade zu dem gesellschaftskonformen Lebenskonzept gehört und sie deshalb das „Kinderkriegen“ möglichst schnell hinter sich bringen wollen. Es gibt Mütter, die das Schreien ihres Babys als „Ärgernis“ betrachten und Geborgenheit als Verwöhnen interpretieren, weil sie sich nicht in die Not des Kindes einfühlen wollen. Andere Kinder wiederum müssen viel zu früh lernen, mit sich zurechtzukommen, weil sie sich selbst überlassen bleiben und es niemanden gibt, zu dem sie eine stabile Nähe herstellen können, sondern im Trubel des Familiengewimmels einfach untergehen. Solche Kinder scheinen später oftmals weniger Schwierigkeiten in ihrem Autonomiestreben zu haben; immerhin haben sie ja früh die Erfahrung gemacht, dass es alleine geht. Doch das sind oft Scheinlösungen, die eine Pseudoautonomie erzeugen, da eine reale, emotional stabile Nähe nicht wirklich zugelassen werden kann. Seelische und/oder körperliche Nähe wird dann unbewusst als „bedrohlich“, als Vereinnahmung oder Klammern empfunden. Abgespaltene Verlustängste aufgrund von Liebesmangel verhindern, dass diese Menschen sich ein- und fallen lassen.

Das gegenteilige Muster sind Kinder, die von ihren Eltern keinen Moment aus den Augen gelassen, ängstlich überbehütet, dauernd kontrolliert oder zu früh intellektuell gefordert werden. Diese Kinder haben es dann vielfach schwer, sich emotional abzugrenzen, was für sie als Erwachsene bedeutet, dass sie Beziehungen unter extrem erschwerten Bedingungen aushalten und sich den Bedürfnissen der anderen unterordnen. Zwar entwickeln sie einen „funktionalen“ Bewältigungsstil, der ihnen hilft, in der Bindung zu den Eltern oder anderen nahen Bezugspersonen zu bleiben. Doch schließlich wirkt sich dieses erlernte Verhalten „dysfunktional“ aus, etwa bei auftretenden Schwierigkeiten im Beziehungsgefüge, bei drohender Trennung oder Scheidung. Dann müssen sie plötzlich im „Sturzflug“ flügge werden und einen emotionalen Nachreifungsprozess durchleben, für den sie eigentlich ausreichend Zeit benötigen.

Pubertätskrisen sind Reifungskrisen

Die Stürme der Pubertät dienen den Jugendlichen dazu, sich selbstbewusst werdend von emotional engen oder gar einengenden Bindungen der Eltern abzugrenzen. Freunde, Peergroups, Vereine und individuelle Interessen werden zunehmend wichtiger. Die jungen Erwachsenen streben in die Welt hinaus, wollen sich ausprobieren, nach eigenen Absichten und Auffassungen leben. Sie suchen und wählen neue Bindungen und entscheiden selbst, wie autonom sie sein wollen. In dieser wichtigen Entwicklungsphase brauchen sie allerdings auch hinreichend Zeit, um tatsächlich flügge zu werden. Da jede Entwicklung zyklisch verläuft – sei sie körperlich, seelisch oder geistig –, hat sie mehr oder weniger starken Krisencharakter. Insofern ähneln sich die Trotzphasen der Zweijährigen und die Temperamentsausbrüche der Pubertierenden, die sich lautstark gegen elterliche „Bevormundung“ und „Machtgefüge“ zur Wehr setzen. Eltern müssen im Grunde gar nicht groß rätseln, was abläuft und warum das Kind und der Jugendliche gleichermaßen ringen: Da kämpft der Wille eines Abhängigen gegen den Willen des Autonomen, wobei allerdings gleichzeitig auf eine verlässliche Bindung, Sicherheit und Orientierung vertraut wird. In diesem Zusammenhang zeigt sich deutlich das elementare Grundthema des Lebens: In dem Wunsch nach Bindung und Autonomie stecken zwei gleich stark wirkende Kräfte, die vor allem in kritischen Situationen extrem ambivalent und für den Betroffenen entsprechend aufreibend sein können und im Laufe des Lebens immer wieder auf dem Prüfstand stehen. Werden zum Beispiel junge Erwachsene selber Eltern, wiederholt sich oft auf verblüffende Weise, was sie bei und durch ihre Eltern erlebt und eigentlich zutiefst abgelehnt haben. Ihnen mag es gelingen, ungeeignete Erziehungsstile ihrer eigenen Kindheit zu vermeiden; auf der Bindungsebene gelingt das nicht so ohne weiteres, da die emotionale Nähe zum Kind immer auch die Muster aus der eigenen Kindheit abruft.

Wechseljahre und Alterskrisen

Den nächsten Reifungsschub kündigen ebenfalls körperliche, geistige und seelische Umstellungen an: Die Wechseljahre der Frau leiten abermals umfassende Änderungen ein, die um das vierzigste Lebensjahr herum beginnen und zu Wendepunkten im Beziehungsgefüge sowie zu weiteren Individuationsprozessen führen werden. Bei Männern kann das psychische Erleben zwischen vierzig und fünfzig ebenfalls ziemlich verworren und irritierend sein – wenngleich eher auf leistungsbezogenen Gebieten wie in Beruf und Sport. So erleben beide Geschlechter in dieser Zeit krisenhafte Entwicklungsschübe, die beiden wohlwollendes Verständnis für das manchmal unverständliche Verhalten des anderen abverlangen, was aber nur wenigen Paaren ohne größere Konflikte gelingt. In diesen Jahren häufen sich psychische Zusammenbrüche und körperliche Krankheiten, die sich wie Schicksalsschläge anfühlen und die zu regelrechten Sinnkrisen führen und eine neue Lebensausrichtung erfordern. Die beginnende Altersphase mit dem näher rückenden Ruhestand bringt deshalb auch nicht automatisch die ersehnte Ruhe und Gelassenheit, obwohl weniger Verpflichtungen im Tagesablauf und mehr freie Stunden zur Verfügung stehen. Denn man spürt jetzt sehr viel deutlicher als je zuvor, dass immer wieder bestimmte Themen nach oben drängen, die das innere Wohlbefinden empfindlich stören. An diesem Punkt geht es in erster Linie um Aussöhnung mit der Lebenswirklichkeit und darum, das anzunehmen was ist. Begriffe wie Güte und Liebesfähigkeit, Dankbarkeit und Fürsorge wollen mit Leben und Erlebnissen gefüllt werden. Diese Fähigkeiten müssen also bewusst freigelegt und verfeinert werden – es sei denn, man will sich zu den rechthaberischen, störrischen Alten gesellen oder ein Eigenbrötlerdasein fristen.

Nachreifungsprozesse der Psyche

Konnte in vorangegangenen Lebensstufen etwas nicht ausreifen oder musste etwas zu früh reifen, wofür anderes auf der Strecke blieb, besteht nun in der mehr oder weniger starken Krise der zweiten Lebenshälfte die Aussicht, eine bestimmte Entwicklung in ein günstiges Fahrwasser zu bringen. Inzwischen spürt oder ahnt man zumindest, dass es nicht nur wenig sinn-, sondern sogar leidvoll ist, sich den eigenen Krisen zu verweigern; denn je vehementer wir uns dem natürlichen Prozess des Wandels verweigern, desto unsanfter werden wir aus dem Nest der Bequemlichkeit, Einfältigkeit oder Selbstgefälligkeit geworfen und desto härter landen wir auf dem Boden der Tatsachen.

Gerade deshalb bedürfen unbearbeitete Traumata der verschiedenen Generationen besonderer Aufmerksamkeit. Seit es die Menschheit gibt, haben Naturkatastrophen, Kriege, Vernichtung, Unterdrückung und auch Epidemien dafür gesorgt, dass alle Völker der Erde sich immer wieder neu angepasst haben. Anders hätten sie nicht überleben können. Menschen besitzen also durchaus die Fähigkeit, Traumata zu überwinden – das Wie ist allerdings recht verschieden. So reicht die Palette von Vermeidung und Verdrängung bis hin zu übertriebener Wachsamkeit und einem bisweilen extremen Sicherheits- und Kontrollbedürfnis. Dieses Verhalten gehört zu den Überlebensstrategien, die selbst dann noch gelten, wenn Katastrophen oder Kriege längst vorüber sind.

Wie traumatische Ereignisse bewältigt werden, hängt aber nicht zuletzt vom Alter der Betroffenen ab. In den Augen eines traumatisierten Kindes sind die stumme Not und Angst zu sehen; der Blick ist ausdruckslos und apathisch. Auch viele unserer Großeltern und Eltern sind in ihren frühen Jahren traumatischen Erlebnissen ausgeliefert gewesen. Ihre unbewältigten Ängste und Sorgen, ihre daraus resultierende Sicht auf die Welt, ihre Hoffnungen und Glaubenswerte wurden unbewusst auf die nachfolgende Generation, also auf uns übertragen. Je mehr Gewalt und Not erfahren wurde, desto mehr musste dies in der Psyche abgespalten werden, um das Grauen zu überleben. Da sich diese Überlebensmuster danach aber nicht einfach in Luft auflösen, erlangen solche Menschen später nur schwer echte Lebenszufriedenheit, denn je älter der Mensch wird, desto weniger psychische Energien stehen ihm für die einstigen Verdrängungsmechanismen zur Verfügung.

Dem dänischen Psychoanalytiker Erik H. Erikson (1902-1994) zufolge sind Krisen ein natürlicher Bestandteil unserer menschlichen Entwicklung. Wir haben es in der Hand, an ihnen zu reifen (Reifungskrise). Was genau innerhalb der menschlichen Entwicklung geschieht, verdeutlicht sein Stufenmodell. Die dazugehörigen Fragen geben uns Auskunft darüber, wie wir mit der jeweiligen Krise umgegangen sind.

Das Stufenmodell

„Die menschliche Entwicklung ist ein Prozess, der zwischen Stufen, Krisen und dem neuen Gleichgewicht wechselt, um immer reifere Stadien zu erreichen."

Erik H. Erikson

Stufe I: Säuglingsalter (0 bis 1 Jahr)

Thema: Urvertrauen versus Urmisstrauen

- *Der Säugling lebt zunächst in einem Gefühl des Urvertrauens, das sich später als ein Gefühl des „Sichverlassendürfens" definiert. Dies ist das Fundament jeder gesunden Persönlichkeit.*

- *Befriedigt die Mutter im ersten Lebensjahr elementare Grundbedürfnisse einfühlsam, bildet sich daraus für die kommenden Jahre das Identitätsgefühl, das sich zu dem komplexen Gefühl entwickelt, „in Ordnung zu sein" oder auch „man selbst zu sein".*

- *Dieses Urvertrauen zu sich selbst und anderen ist die Basis für jegliche weitere Entwicklung und unumstößlich. Hier liegt die Quelle für eine überwiegend optimistische Grundeinstellung im Leben.*

- *Ist die Mutter (und deren Mutter) durch Krankheit, Krieg, Vertreibung, Flucht, Schändung, dauerhafte Entbehrung, bittere Armut, Hunger usw. traumatisiert, kann sie die emotionalen Bedürfnisse ihres Kindes nicht oder nur bedingt erfüllen. Insofern wird der Säugling in ein Symbiose- und Bindungstrauma verstrickt.*

- *Wendet sich die Mutter zeitweise ab, kann das vom Säugling als krisenhaft erlebt und als Entzug der Mutterliebe empfunden werden (Quelle des Ur-Misstrauens), was wiederum zu akuten kindlichen Depressionen oder einem chronischen Trauergefühl führen kann, das dem späteren Leben einen schwermütigen Unterton verleiht.*

Reflexion

Gehöre ich zu den Menschen, die häufig unter Misstrauen, Verlust- und Angstgefühlen leiden? Besteht die Möglichkeit, sich nach den Lebensbedingungen (und Traumata) der Mutter und Großmutter zu erkundigen?

***Zentrale Frage:** Wie habe ich Vertrauen erlernt, wodurch ist Misstrauen entstanden?*

Stufe II: Kindheit (2 bis 6 Jahre)

Thema: Schuld, Scham und Zweifel versus Autonomie

- *Das soziale Umfeld erweitert sich; das Kind ist immer mehr in der Lage, sich von Bezugspersonen zu entfernen, sich abzugrenzen und den eigenen Willen durchzusetzen.*

- *Trotzphasen haben eine wichtige Funktion, denn sie bedeuten den gesunden Kampf um Autonomie, zeigen aber auch deutlich, was das Kind noch nicht kann. Und wenn dann etwas nicht klappt, empfindet das Kind Scham und Zweifel (z.B. wenn die Reinlichkeitserziehung zu streng oder zu früh durchgeführt wird).*

- *Um die noch wackelige Autonomie zu stärken, muss das Kind vor Beschämung und Misserfolgen geschützt werden, die in ihm das Gefühl des Unvermögens und Zweifel an der eigenen Kompetenz auslösen könnten.*

- *Selbstvertrauen in die eigenen Fähigkeiten entwickelt sich, wenn die Reaktionen der Bezugspersonen die Neugier, den Wissens- und Forscherdrang des Kindes bestätigen und fördern und es keine Angst vor Strafe und Missbilligung haben muss.*

- *Wird hingegen dem Kind die Autonomie durch rigide und streng erziehende Personen vorenthalten oder es sogar dafür bestraft – wenn es sich beispielsweise vom Töpfchen erhebt und wegkrabbeln will oder wenn es alleine zum Löffel greift, um selber zu essen – kann dies zu gravierenden Einschnitten in der Entwicklung, zu Zwangsverhalten und tiefen Selbstzweifeln führen.*

- *Das Kind erkennt auf der unbewussten Ebene nun immer mehr die Unterschiede und Gemeinsamkeiten bei sich und anderen (Geschwister).*

- Das Sprachvermögen erweitert sich, es kann mehr verstehen und nachfragen, aber auch vieles missverstehen.

- Aufgrund seines „Energieüberschusses" verkraftet es Misserfolge jetzt noch leichter und vergisst sie im Spiel.

- Wichtiger Unterschied zwischen den Geschlechtern: Jungen wollen etwas erobern, auseinandernehmen, wieder zusammensetzen, in etwas eindringen – Mädchen neigen dazu, anderen eifersüchtig etwas wegzunehmen, sich vorzudrängeln oder aber sich lieb Kind zu machen.

- Rivalität zu älteren Geschwistern entsteht: Man konkurriert um die Liebe von Vater und Mutter. Unterliegt das Kind immer wieder, führt das zu negativen Gefühlen wie Resignation, Schuld und Angst.

- Das Kind beginnt, sich für „schlechte" Taten zu schämen, fürchtet die Entdeckung und fühlt sich für schlimme oder „sündige" Gedanken schuldig. Eltern mit einer hohen moralischen Instanz, beispielsweise aufgrund tiefer Gläubigkeit, legen oft den Grundstein dafür, dass das Kind ein übersteigertes Gewissen entwickelt, das es in späteren Lebensphasen an der nötigen Eigeninitiative hindert.

Reflexion

Gehöre ich zu den Menschen, die von starken Zweifeln geplagt werden, Kritik fürchten, übermäßig selbstkritisch sind und Schwierigkeiten mit „Pseudo-Autoritäten" wie Vater Staat, Kirche, Politik usw. haben? Besteht die Möglichkeit, die elterlichen Moral- und Wertvorstellungen zu hinterfragen und zu überprüfen, welche davon zu eigenen geworden sind?

Zentrale Frage: *Wie machtvoll habe ich meine Eltern erlebt? Wie viel Macht gebe ich ihnen heute noch?*

Stufe III: späte Kindheit (6 bis 12 Jahre)

Thema: Stille vor dem Sturm der Pubertät

- *Das Kind definiert sich über „Ich bin, was (und für wen) ich lerne"; es möchte nützlich sein, etwas leisten, entwickelt Lust an Wissen, Zielstrebigkeit und Genauigkeit, Perfektion und Ausdauer und möchte etwas schaffen. Dies ist der Grundstock für spätere Ausdauer und Engagement im Berufsleben.*

- *Das Kind benötigt genügend Anerkennung über ein Bestätigungsgefühl und Motivation durch motivierende Lehrer und Eltern.*

- *Ständige Misserfolge, Beschämung und Abwertungen führen zu Frustration und unter Umständen zu Angst; die Gefahr besteht, dass sich hartnäckige Minderwertigkeitskomplexe ausbilden.*

- *Umgekehrt besteht aber auch die Gefahr, dass sich das Kind aus Angst heraus übermäßig anpasst, um Anerkennung und Lob zu bekommen. Die Folge: übertriebener Fleiß, der später in eine Erschöpfungsdepression münden kann.*

- *Gesunde Leistungsfähigkeit und positive Arbeitshaltung reifen nur durch Begeisterung und Akzeptanz der Bezugspersonen.*

Reflexion

Gehöre ich zu den Menschen, die unter mangelndem Selbstwert und einem negativen Selbstbild leiden? Besteht die Möglichkeit nach frühen Schul- und Lern-

erfahrungen sowie nach stabilen und sozialen Beziehungen außerhalb der Familie zu forschen?

Zentrale Frage: *Wer oder was hat meinen Selbstwert in diesen Jahren gefördert? Wie fördere ich mich heute selbst?*

Stufe IV: Jugend und Adoleszenz (12 bis 21 Jahre)

Thema: Identität und Identitätsverwirrung

- *Eine stabile Ich-Identität kann sich in diesen Jahren nur ausbilden, wenn die Krisen der vorangegangenen Phasen konstruktiv gelöst wurden.*

- *Der junge Mensch ist jetzt in erster Linie damit beschäftigt, seine soziale Rolle zu festigen und seine Wirkung auf andere auszuprobieren.*

- *Die verschiedenen Elemente (Vertrauen, Autonomie, Initiative und Fleiß) der ersten Lebensstufen werden zu einem Ganzen zusammengefügt und bilden den Sockel für die eigene Identität im Verhältnis zur Gesellschaft.*

- *Hinsichtlich der körperlichen Veränderungen machen Jugendliche eine ähnliche Umbruchphase wie als Kleinkind (Stufe II) durch.*

- *Die Bestätigung durch Gleichaltrige ist jetzt ein großes Bedürfnis. Alle bislang erlernten Optionen wollen erneut ausprobiert werden, dazu gehören auch Auflehnung und Rebellion gegen die Werte von Eltern und Gesellschaft.*

- *Die Gefahr der Rollendiffusion resultiert aus einem inneren Zwiespalt, der sich aus früheren Zweifeln und sexueller Identität nährt. Bei heranwachsenden Männern kann es zu kriminellen, sexuellen oder psychotischen Zwischenfällen kommen.*

- *Die Geschlechtsreife ist die Phase, in der die Identitätsentwicklung besonders akzentuiert wird, während die Identitätsbildung ein lebenslanger Prozess ist.*

- *Die geklärte Identität ist das Ziel der Identitätsentwicklung und Voraussetzung für Intimität in der nächsten Lebensstufe.*

- *Spezifische Entwicklungsaufgaben: Neudefinition der eigenen Familienbindung, Auseinandersetzung mit eigenen und familiären Werten, damit sich die weibliche/männliche Identität festigen kann.*

- *Traumatische Kindheitserfahrungen (Misshandlung wie Gewalt, körperlicher und seelischer Missbrauch) können in der Pubertät re-aktualisiert werden und dadurch zu weiterer Re-Traumatisierung führen.*

Reflexion

Gehöre ich zu den Menschen, die von anderen als verwirrt bezeichnet wurden? Galt ich als „komischer Kauz“, als Außenseiter, Einzelgänger, Schläger, Lügner? Besteht die Möglichkeit herauszufinden, ob ich in diesen Entwicklungsjahren eine negativ geprägte Identität angenommen habe? Mit welchen Rollen (Identitäten) habe ich damals experimentiert? Und wo hat es mir an Stabilität und Kontinuität gefehlt?

Zentrale Frage: *Wie habe ich meinen Körper damals erlebt? Und welches Verhältnis habe ich heute zu meinem Körper? Welchen Stellenwert hatten Sexualität, Liebe und Lust damals für mich? Und welchen haben sie heute?*

Stufe V: Erwachsener (21 bis 35 Jahre)

Thema: Intimität und Distanz

- *Der Eintritt in die soziale und berufliche Welt beginnt; es werden Weichen für die Berufswahl gestellt, die den eigenen Fähigkeiten und der Persönlichkeitsstruktur entsprechen sollte. Kann oder will sich jemand nicht festlegen, werden Ausbildungen und Studiengänge abgebrochen oder der Abschluss immer weiter hinausgezögert, sind das häufig Anzeichen für einen Druck von außen.*
  Die Frage lautet: Arbeite ich, um Geld zu verdienen, oder ist diese Arbeit meine Berufung?

- *Es geht darum, „Beziehung zu lernen", die Fähigkeit zu Intimität und tragfähigen Beziehungen (sexuelle und freundschaftliche) zu entwickeln. Beziehungen sollten eingegangen werden können, ohne Angst vor zu enger Bindung zu haben, das heißt, diese Bindungen dürfen weder unauflösbar sein noch zu einem Verschmelzen der Identitäten führen.*

- *Stabile Bindungen erfordern Zuverlässigkeit und Verantwortungsbewusstsein, wofür es einer gewissen Reife bedarf. Darum kann eine frühe Ehe (in den Jahren zwischen 18 und 25) bisweilen problematisch sein.*

- *Erst wenn der Differenzierungsprozess weit genug vorangeschritten ist, ist echte Intimität möglich. Anders ausgedrückt: Je besser ich mich selbst kenne, desto besser kann ich mich auf den anderen einlassen, ohne mich im anderen zu verlieren.*

- *Das gesunde Gegenstück zur Intimität ist die Distanzierung. Man sollte in der Lage sein, sich von Menschen und Kräften, die einem nicht gut tun, abgrenzen zu können.*

- *Wo die Identität und die Fähigkeit zur Intimität nicht genügend entwickelt sind, kommt es zu Isolation, depressiver Selbstversunkenheit oder Gefühlsdistanziertheit.*

- *Auf dieser Stufe geht es darum, mit der Lebenswirklichkeit umgehen zu können, was auch heißt, mit den Konsequenzen früherer Entscheidungen zu leben oder nachzujustieren.*

Reflexion

Gehöre ich zu den Menschen, die Probleme mit Intimität, Nähe und Distanz haben? Besteht die Möglichkeit herauszufinden, ob es zu frühe und einengende Bindungen oder Entscheidungen gab?

Zentrale Frage: *Unter welchen Bedingungen habe ich eigene Entscheidungen getroffen? Und was hat sich daraus entwickelt?*

Stufe VI: gereifte Erwachsene (42 bis 56 Jahre)

Thema: Veränderung zulassen – neue Räume erobern

- *Beziehungen und Beziehungsgeflechte verändern sich: Späte Mutter-/Vaterschaft, Homo-Ehe, Scheidungen, Singledasein und Patchworkfamilien spiegeln die heutige Vielfalt an Entwicklungsmöglichkeiten.*

- *Die weiblichen Wechseljahre sind Abschiedsjahre von der körperlichen Fruchtbarkeit und läuten die geistige ein. Das Zeugen, Gebären und Austragen neuer Ideen und Projekte ist ein Zeichen weiterer Identitätsreifung. Die Sexualität wird selbstbestimmter.*

- *Entscheidende Wendepunkte im Lebenslauf: Trennung, Krankheit, Arbeitsplatzverlust, Mobbing, Burnout und*

Depressionen bremsen das alte Leben aus. Für die Entwicklung sind aber nicht die Lebensereignisse selbst entscheidend, sondern die emotionale Bedeutung, die ihnen beigemessen wird und die Art und Weise der Auseinandersetzung.

- *Jede Krise ist im Grunde ein wichtiges Signal, das auf einen biografisch bedingten Entwicklungsstau hinweist.*

- *Bewältigungsmuster und -mechanismen der Kindheit: auszuweichen, sich zu fügen, sich zu ergeben, zu flüchten oder zu kämpfen, müssen jetzt gründlich überprüft werden, um der Gefahr eines Entwicklungsstillstands zu entgehen.*

Reflexion

Gehöre ich zu den Menschen, die sich momentan an einem Lebenswendepunkt oder in einer Krise befinden? Besteht die Möglichkeit, nach meiner eigentlichen Lebensaufgabe zu forschen?

***Zentrale Frage:** Wie bin ich in der ersten Hälfte des Lebens mit Krisen umgegangen? Was hat sich Neues aus diesen Krisen entwickelt?*

Stufe VII: Reifungs- und Würdejahre (56 bis 77 Jahre)

Thema: Integrität gegen Verzweiflung und Lebensekel

- *Nun beginnt die Vorbereitung auf Altersteilzeit und Ruhestand: Nur wer den eigenen Lebenszyklus so akzeptiert, wie er war und ist, einschließlich der Begegnungen und Beziehungen, kann sich auf seine kommenden Jahre würdevoll einlassen.*

- *Neue Veränderung der Beziehungssysteme: Die ausgereifte Ich-Integrität bildet die Krönung in diesem Lebensabschnitt. Man hat sich entwickelt, ist fähig, sein Umfeld und die Menschen zu akzeptieren und anzuerkennen, wie sie sind. Man ist bereit, sich für den Fortbestand der eigenen Familie einzusetzen (Affinität zur Enkelgeneration), engagiert sich auf neuen Gebieten und wird so zum Teil des Ganzen.*

- *Der integre Mensch steht zu seinem eigenen Lebensstil und bewahrt sich seine Unabhängigkeit. Eine angemessene Lebensform und Lebenspartnerschaft zu wählen, gehört nun zu seinen neuen Aufgaben.*

- *Es kommt nun darauf an, wie der Mensch auf sein vergangenes Leben zurückblickt und welches Resümee er zieht. In der Rekapitulation erweisen sich viele Erlebnisse als sinnhaft; jedoch tauchen auch Probleme und ungelöste Lebensfragen erneut auf.*

- *Das Augenmerk sollte jetzt der Aussöhnung mit dem Leben gelten, um nicht in Lebensekel und Verbitterung zu versinken. Wurden bestimmte seelische Anteile abgespalten oder verdrängt, besteht die Gefahr der Altersverzweiflung. Sie resultiert aus der Annahme, dass man am eigenen Leben gescheitert ist und nichts mehr rückgängig gemacht werden kann. Gefühle von Wertlosigkeit und Niedergeschlagenheit überfallen jene, die sich weder um Vertrauen noch um echte und tiefe zwischenmenschliche Beziehungen bemüht haben.*

- *Man beginnt, sich mit der Endlichkeit auseinanderzusetzen: „Ich bin, was von mir überlebt.“ Die erworbenen Fähigkeiten wie Willenskraft, Zielstrebigkeit, Können, Treue, Liebe, Fürsorge und Weisheit fließen nun immer mehr in das Leben hinein — und man erkennt ihren tieferen Sinn. Es geht also in den späten Jahren nicht mehr nur um die Stellung des Einzelnen innerhalb seines persönlichen sozialen Umfelds, sondern vor allem um seine Stellung in der Gesellschaft, die er noch lange und intensiv bereichern kann.*

Reflexion

Gehöre ich zu den Menschen, die keine Lebensfreude (mehr) empfinden? Besteht die Möglichkeit herauszubekommen, welcher Ballast den Fluss meines Lebens behindert?

Zentrale Fragen: *Wie „bewerte“ ich mein bisher gelebtes Leben? Wo habe ich zu viel und wo zu wenig investiert? Worauf verweisen meine derzeitigen Lebensumstände?*

Die biografische Arbeit hilft dabei, reflektiert auf das eigene Leben zu schauen und die kommenden Jahre neu gestimmt in die Hand zu nehmen.

Themen der verschiedenen Lebensstufen und ihre Bedeutung für das heutige Leben

In den Jahren von der Geburt bis 21 Jahre

Die Mitgift der Kriegseltern

Es hat lange gedauert, bis nicht nur die Fachwelt, sondern auch die breite Öffentlichkeit sich dafür interessierte, in welchem Ausmaß die traumatisierenden Erfahrungen unserer Eltern transgenerational weitergegeben wurden. Ein großer Teil der damaligen Kriegsgeneration (Jahrgänge 1920 bis 1930) wuchs ohne Vater auf; ca. 200.000 Kinder und Jugendliche waren Vollwaisen. Viele von ihnen verloren zusätzlich Geschwister, Großeltern und andere enge Verwandte. Nur wenige waren und sind in der Lage, darüber zu reden; die meisten schwiegen über Bombenangriffe, die völlige Zerstörung ihrer Städte sowie Gewalt, Hunger, Kälte und andere Entbehrungen, die sie durch Vertreibung erlitten. Hinzu kam die Kinderlandverschickung, wodurch sie manchmal jahrelang von ihren Familien getrennt wurden. All diese schrecklichen, in der Regel unverarbeiteten Erlebnisse unserer Mütter und Väter erzeugten Gefühle wie Ablehnung, Schuld und Scham sowie Misstrauen, die sich auf uns übertrugen. Als Kinder waren sie katastrophalen und brutalen Situationen erbarmungslos ausgeliefert, sie bekamen selten Schutz, wenig Hilfe, kaum Sicherheit und Geborgenheit durch die eigene Mutter. Nur wenige Mütter waren psychisch in der Lage, wie Löwinnen um ihre Kinder zu kämpfen, wenn Gefahr drohte. Die meisten Mütter kapselten sich in ihrer Trauer ab und erstarrten innerlich, was zur Folge hatte, dass sie auch ihre Kinder in deren Trauer und Schrecken allein ließen. Und die meisten Väter waren gar nicht anwesend, weil sie an der Front oder in Gefangenschaft und mit ihrem eigenen Überleben beschäftigt waren. Also blieben diese Kinder mit ihrer Verzweiflung und Panik allein, mussten zusehen, wie sie mit den Erlebnissen fertig wurden. So entstanden noch unbewusste seelische Abwehrmechanismen, die ihnen halfen, zu verdrängen, zu leugnen, zu bagatellisieren, zu verallgemeinern, ins Gegenteil zu verkehren oder völlig sachlich darüber zu sprechen, als handelte es sich um den Wetterbericht. Im Zuge der nationalsozialistisch geprägten Erziehung entwickelten sich außerdem bestimmte Verhaltensweisen, die auch später nicht hinterfragt wurden. Wir Nachkriegsgeborene haben unsere Eltern – allem voran unsere Mütter – zumeist als anspruchslos, genügsam, sparsam, pflichtbewusst, kontrolliert und ernst erlebt; sie nahmen wenig Rücksicht auf ihren Körper und seine Bedürfnisse, sondern funktionierten wie ein Uhrwerk.

Diese mütterlichen Einstellungen, Verhaltensweisen und Beziehungsmuster haben wir gewissermaßen in die Wiege gelegt bekommen.

Eintrittskarte ins Leben

In der Biografiearbeit ist es immer wieder aufschlussreich, sich nach den Umständen der eigenen Geburt zu erkundigen. Wie sind wir auf die Welt gekommen, und wie waren die damaligen Lebensumstände der Mutter? Wie die Mutter darüber berichtet, was sie besonders hervorhebt, zu beschwichtigen oder verheimlichen versucht, ist relevant für das Verständnis unserer Lebensgeschichte. Schon im Mutterleib sind wir in Kontakt mit den mütterlichen Gefühlen, reagieren auf ihre Angst, Liebe, Sorge oder Freude. So lässt sich auch besser verstehen, weshalb manchmal Emotionen in uns rumoren, für die es keine vernünftige Erklärung gibt. Das Ungeborene ist nur auf Fühlen und Wahrnehmen ausgerichtet. Deshalb ist es auch hilfreich zu wissen, dass selbst im Erwachsenenalter nur ein geringer Prozentsatz unseres Wahrnehmens, Fühlens und Denkens bewusst erinnert und sprachlich ausgedrückt werden kann. Aus diesem Grund müssen wir präverbales Bewusstsein von dem Bewusstsein der sprachlichen Ausdrucksform unterscheiden. Ein Ungeborenes, das noch nicht denken und sprechen kann, fühlt, was ihm geschieht, ist aber nicht in der Lage, die Dinge zu deuten oder zu verstehen. So wirken Abtreibungsversuche, intrauterine Mangelversorgung oder das Feststecken im Geburtskanal traumatisierend, was wiederum das Leben des Kindes destruktiv beeinflussen kann.

Was ist Trauma?

„Das Spezifitätskriterium für ein ‚Trauma'", so Franz Ruppert, „ist meines Erachtens die Tatsache, dass die menschliche Psyche traumatische Lebenserfahrungen nicht verarbeiten und in die Lebensbiografie integrieren kann, sondern sich aufspalten muss, um das Erinnern der traumatischen Erfahrung aus dem Bewusstsein fernzuhalten. Eine traumatisierte Psyche kann daher nicht unbefangen dem Strom der Realitätseindrücke begegnen. Sie befindet sich grundsätzlich in einer Position der Realitätsabwehr, was sich im Verleugnen, Verdrängen und Nicht-Wissen-Wollen der traumatisierenden Erfahrungen ausdrückt. Von traumatisierenden Erlebnissen kann man sich auch nicht einfach erholen, wie das bei stressvollen Erfahrungen durchaus der Fall ist. Sie bleiben so lange psychisch aktiv, bis sie gezielt aufgearbeitet werden."

Eine durch Kriegsereignisse traumatisierte Frau wird wohl kaum entspannt und gelöst die Geburt ihres Kindes erwarten, sondern in ständiger Angst und Furcht leben, ob sie und das Kind überleben werden. Diese Angst überträgt sich auf das ungeborene Kind, es wird regelrecht damit „infiziert". Die meisten Mütter waren mit ihren Kindern über einen langen Zeitraum allein, mussten das Leben ohne Unterstützung meistern und sich mit den Kindern so gut es ging über Wasser halten. Nachkriegsgeborene berichten häufig, in ihrer Kindheit kaum mütterliche Nähe erfahren zu haben, weder körperlich noch seelisch. Die Mutter sei viel zu beschäftigt gewesen. Viele vermissten natürlich die mütterliche Zärtlichkeit, suchten vergeblich Trost und Feinfühligkeit, was dazu führte, dass die Kinder sich um die Liebe und Aufmerksamkeit der Mutter aktiv bemühten.

Spätfolgen von Trauma und emotionaler Entbehrung

Unter anderen Rahmenbedingungen scheint sich heute Ähnliches zu wiederholen: Da sich die Zahl der Getrenntlebenden und Geschiedenen in den letzten Jahren erhöht, müssen etliche Mütter ihre Kinder alleine großziehen, weil die Väter der Kinder scheinbar nicht zur Verfügung stehen, sich nicht kümmern oder keinen Unterhalt zahlen. Inzwischen weisen allerdings einige Untersuchungen darauf hin, dass viele dieser Väter erbittert um das gemeinsame Sorgerecht kämpfen müssen, weil Mütter den Kontakt zum Kindsvater verhindern oder erschweren. Dabei geht es nicht um die Fälle von Missbrauch und Gewalt, wo die Mutter zu Recht den Kontakt verhindern möchte, sondern um die Anerkennung des väterlichen Bedürfnisses und Rechts, sich um seine Kinder zu kümmern und sie aufwachsen zu sehen.

In der Biografiearbeit stellt sich nun überraschend häufig heraus, dass zahlreiche Frauen, die den Vater von ihrem gemeinsamen Kind fernhalten, von Müttern und Großmüttern großgezogen wurden, deren Männer im Krieg gefallen oder versehrt zurückgekommen waren. Nur wenigen Heimkehrern gelang es, sich wieder in die Familie zu integrieren; oftmals wurden sie von ihren Frauen wie Fremdkörper wahrgenommen und entsprechend behandelt. Die zurückgekehrten Männer schwiegen in der Regel über ihre Kriegserlebnisse und Gefangenschaft, spalteten ihre Mitschuld am Töten, Plündern und Vergewaltigen ab, was zur Folge hatte, dass sie hart, verschlossen, abgestumpft und distanziert wirkten. So wurde auf der transgenerationalen weiblichen Ebene die unbewusste Überzeugung weitergegeben, dass Männer nicht zur Verfügung stehen, dass auf sie kein Verlass ist, dass sie nicht für die Familie da sind, dass sie als Ehemann und Vater kläglich versagen. Erstaunlich häufig stellt sich heraus, wie sehr diese Frauen in das Leid ihrer Mütter verstrickt sind; so sehr, dass sie als Erwachsene versuchen, sich stellvertretend für die Mutter zu emanzipieren, indem sie in Beruf und Partnerschaft ihren „Mann" stehen und Männer abwerten und ablehnen. Nicht wenige von ihnen haben dann Männer „gewählt", die ihre eigenen Väter oder Großväter nicht oder kaum kannten; es hieß, sie hätten ihre Familie im Stich gelassen. Waren die Väter anwesend, so wurden sie von ihren Söhnen meist als Außenseiter, bloße Versorger, als Trinker oder Versager erlebt, was die Söhne bis ins Erwachsenenalter als Makel empfinden. So entstand ein verzerrtes Vaterbild, weil die Söhne ihre Väter ausschließlich durch die Brille der Mutter sahen. Diese verzerrten Vaterbilder verhindern schließlich, dass eine gelingende Beziehung zwischen ihnen und ihren Kindern, vor allem dem eigenen Sohn, wachsen kann, was zur Folge hat, dass auch sie kaum wissen, welche Funktion sie eigentlich als Mann und Vater haben.

Menschen, deren Nähe- und Geborgenheitsbedürfnis als Kind nicht befriedigt wurde, fühlen sich als Erwachsene oft zu

Personen hingezogen, bei denen sich wiederholt, worunter sie schon als Kind gelitten haben: Der Partner/die Partnerin wird ihnen nicht geben können, wonach sie sich sehnen. Meist sind diese Menschen auch nicht in der Lage, ihre Bedürfnisse nach Wärme und Nähe angemessen zu äußern, sondern hoffen und erwarten von ihren Partnern ständig, dass ihre Wünsche erraten und befriedigt werden. Der Kern des Problems ist, dass die frühkindliche Erfahrung der emotionalen Entbehrung dem Bewusstsein gar nicht zugänglich, sondern abgespalten ist: Der Betroffene kann seinen Wunsch nach emotionaler Nähe gar nicht erst wahrnehmen.

Aus der Säuglingsforschung wissen wir, dass Babys unter permanentem Stress stehen, wenn ihre Grundbedürfnisse nach Bindung und Orientierung nicht oder nur unzureichend erfüllt werden. Diese Babys schreien mehr, lassen sich kaum beruhigen, sind immer wieder krank oder wirken apathisch. Gestresste und unsichere Mütter sehen nur selten einen Zusammenhang zwischen ihrem Verhalten und einem Schreikind und laufen beunruhigt zum Kinderarzt, von dem sie erwarten, dass er eine Diagnose stellt, ein Rezept ausstellt und eine Therapie verschreibt, damit sie in ihren Sorgen endlich entlastet sind. Hinter den übertriebenen Sorgen dieser Mütter verbirgt sich in der Regel die Unfähigkeit, sich in das Kind einzufühlen, und die Unfähigkeit sich einzufühlen wiederum kann mit einem frühen Trauma zusammenhängen ... Gleichwohl gibt es zahlreiche Mütter, die als Kind Mutterliebe entbehren mussten und bei ihren Großmüttern oder in Pflegefamilien groß wurden und dennoch die Fähigkeit, sich in die Bedürfnisse von Kindern einzufühlen, nicht verloren haben. Auch Mütter, die ein behindertes Kind geboren und dieses „Schicksal" angenommen haben, berichten glaubhaft von ihrer wachsenden bedingungslosen Liebe zu ihrem Kind. Sich dafür zu entscheiden kostet Mut, denn das gesellschaftliche Umfeld hat kaum

Verständnis für eine Mutter, die bewusst ein behindertes Kind austragen will.

Geburtserlebnisse und Bindungsprozesse

Doch nicht nur frühe oder übertragene Traumata, sondern auch ungünstige Rahmenbedingungen in Kliniken und Geburtsabläufe, können Bindungsprozesse blockieren. Kaiserschnitt, Zangen- oder Saugglockengeburt sind Geburtserlebnisse, die sich traumatisch auf Mutter und Kind auswirken können.

In heutigen Zeiten ist es erwünscht, dass Väter bei der Entbindung anwesend sind; es wird fotografiert und gefilmt, was in den ersten Minuten zwischen Mutter und Kind geschieht. Die ersten Bindungsprozesse nach der Geburt entstehen durch Haut- und Augenkontakt, durch Geschmack, Geruch und Stimme der Mutter. Diese hochsensible Phase ist für viele Mütter eine der intimsten und zärtlichsten Momente im Leben, wenn die Geburt komplikationsfrei verlief, das Kind erwünscht und die Beziehung zum Vater des Kindes intakt ist. Doch das ist nicht bei allen Müttern der Fall. Es gibt Konstellationen, die sich von Anfang an ungünstig bis schädlich auf die Beziehung zwischen Mutter und Kind auswirken. Soll das Kind zur Adoption freigegeben werden, ist die Beziehung der Eltern zerrüttet oder ihr Leben von Existenz- und Zukunftsangst geprägt, kann sich die Mutter dem Kind nicht so zuwenden, wie sie es vielleicht gewollt hätte. Fehlt ihr während dieser Zeit die soziale Unterstützung und familiäre Geborgenheit, ist kaum zu verhindern, dass sich ihre Sorgen und Gefühle der Verzweiflung auf das Kind übertragen. Denn Säuglinge nehmen die Mutter mit allen Sinnen wahr. Alles, was die Mutter fühlt, kommt unmittelbar bei dem Kind an. Weil der Säugling aber noch symbiotisch mit der Mutter verbunden ist, kann er nicht zwischen den eigenen und den Gefühlen der Mutter unterscheiden. Der Säugling bekommt zwar körperliche Nähe durch das Stillen und die körperliche Pflege, doch die innere

Zuwendung und Zärtlichkeit der Mutter bleiben aus. Dieser unbewusste Zwiespalt der Mutter führt dazu, dass das Kind nicht lernen kann, seinen eigenen Gefühlen zu vertrauen.

Oft zeigt sich in der Biografiearbeit, wie sehr ängstliche, bedürftige Mütter ihr Kind mit ihren starken Emotionen an sich binden, wie auch mit ihrer eigenen Unsicherheit, ihren Problemen und Befürchtungen und damit die gesunde Autonomie des Kindes hemmen. Versucht das Kind sich im Laufe seiner Entwicklung aus der beklemmenden Nähe zur Mutter zu befreien und selbstständig zu werden, wird das ein schwieriger Prozess, wenn der Vater nicht dafür sorgt, das Kind aus der allzu engen Bindung zur Mutter herauszuführen, damit es sich zu einem eigenständigen Menschen entwickeln kann. Der gelungene Bindungsprozess zwischen Mutter und Kind hängt also auch davon ab, wie sich der Vater dem Kind und der Mutter des Kindes gegenüber verhält. Wir können davon ausgehen, dass vieles, was sich im späteren Leben als „Angststörung“, Verlust- und Trennungsängste oder Panikattacken zeigt, seinen Ursprung in einem vor- und nachgeburtlichen Trauma haben kann.

Heute gibt es modern ausgestattete, gemütliche Entbindungszimmer mit Badewanne, Entspannungsmusik und Interieur in warmen Farben. Die Mutter wird gestreichelt, gestützt und gehalten, wenn sie das wünscht. Geburtsschmerzen werden auf ein Minimum reduziert und nach der Entbindung liegt das Neugeborene abgenabelt auf der Mutterbrust. Auch der Vater ist in diese natürliche Intimität einbezogen. Doch was heute so selbstverständlich erscheint, war vor gar nicht allzu langer Zeit undenkbar. Erst Ende der 1970er-Jahre begann die Schulmedizin, sich für sanftere Geburtsmethoden zu öffnen; erste Kliniken erlaubten den werdenden Vätern, bei der Geburt dabei zu sein. In den Fünfzigern hingegen konnten Schwangere von Fürsorge, Unterstützung und Entlastung vor, während und nach der Geburt ihres Kindes nur träumen. Die in den Wehen liegende Frau wurde in den Kreißsaal geschoben, blieb dort meist allein, nur ab und zu kam jemand, um die Öffnung des Muttermunds zu untersuchen. Nach der Entbindung wurde der Säugling abgenabelt, gewogen und gebadet und erst dann der Mutter frisch gewickelt übergeben. Auch herrschten strikte Regeln für Still- und Schlafenszeiten, an die sich Mutter und Kind halten mussten. Gehen wir weitere fünfzig Jahre zurück, in die Epoche unserer Großeltern, waren Hausgeburten an der Tagesordnung. Manche Frauen gebaren ihre Kinder gewissermaßen zwischen Feldarbeit und Waschküche; die Säuglingssterblichkeit war hoch und das Leben der Mutter nicht selten in Gefahr. Trotzdem bekamen viele Frauen mehr als zehn Kinder. Fast jedes Jahr eins. Den Müttern blieb damals gar nichts anderes übrig, als die Versorgung und Erziehung der Kleinsten in die Hände der älteren Geschwister zu legen.

Kindheit im Wandel der Zeit

Der US-amerikanische Sozialwissenschaftler Lloyd de Mause (geboren 1931), selber Vater von drei Kindern, widmete sich seine Forschung vornehmlich der Entwicklung der menschlichen Psyche als Ergebnis von Erziehungspraktiken. Von ihm stammt auch die erschütternde Aussage: „Die Geschichte der Kindheit ist ein Alptraum, aus dem wir gerade erst erwachen. Je weiter wir in der Geschichte der Kindheit zurückgehen, desto unzureichender wird die Pflege der Kinder, die Fürsorge für sie, und desto größer ist die Wahrscheinlichkeit, dass Kinder getötet, ausgesetzt, geschlagen, gequält und sexuell missbraucht wurden."

Viele Jahrhunderte waren nötig, bis Kindheit zu einem Ort der Geborgenheit und Liebe werden konnte. Man begriff, dass Kinder eine individuelle Persönlichkeit besitzen, die geschützt und gefördert werden muss. Allerdings kommt es in Zeiten, in denen Krieg, Hunger und Armut das Leben der Menschen beherrschen, vermehrt zu „Rückfällen" – zu groß sind dann die Existenz- oder gar Todesängste. Werden eine Mutter und ihr Kind nicht beschützt, sondern traumatisiert, leidet höchstwahrscheinlich die spätere Bindungsfähigkeit.

Praxisbeispiel

Beate und Georg lernen sich Ende der sechziger Jahre kennen. Georg steht kurz vor dem Abitur, Beate ist gerade mit ihrer Ausbildung zur Krankenschwester fertig. Sie sind ein leidenschaftlich verliebtes Paar, das so rasch wie möglich heiraten und damit weg von zu Hause will. Beide Elternhäuser sind problembelastet und emotional instabil. Bei Beates Eltern ging es oft hoch her, da der Vater ein lebenslustiger Mann war, der ausschweifend lebte und den die Mutter eifersüchtig kontrollierte. In der Pubertät fixierte Beate sich auf ihren Vater, indem sie sich als verständnisvolle Gesprächspartnerin zur Verfügung stellte. Georgs Familie war kühler. Seine Mutter litt an einer leichten Herzschwäche, die ihr das Recht gab, ihren Mann, ihre im Haus lebende Schwiegermutter und ihren Sohn Georg zu ständiger Rücksichtnahme zu veranlassen. So forderte sie Georgs Vater auf, den Sohn zu bestrafen, sollte dieser sich ihren Wünschen widersetzen. Georg bemühte sich stets um gute Schulnoten, um es seiner Mutter recht zu machen; gleichzeitig versuchte er, sich emotional von ihr zu distanzieren.

Als er Beate kennenlernt, ist er von ihrem Einfühlungsvermögen und ihrer Zärtlichkeit überwältigt. Beate wiederum kommt es ganz gelegen, als sie ungeplant schwanger wird, denn ihre Eltern stehen kurz vor der Trennung, und sie findet Halt in Georgs Fürsorge und Liebe. Noch vor der Hochzeit aber stirbt

Georgs geliebte Großmutter, und Beates Vater zieht mit einer anderen Frau zusammen.

Nach der Hochzeit leben Beate und Georg vorübergehend in einer winzigen Studentenbude und gehen auf Distanz zu ihren Familien. Die Geburt wird sehr schwer: Zwei Tage lang liegt Beate bereits in den Wehen, als die Wehentätigkeit plötzlich nachlässt und die Herztöne des Kindes immer schwächer werden. Schließlich kommt das Kind per Kaiserschnitt zur Welt. Beate ist zutiefst schockiert über den Eingriff und darüber, dass sie ihr Kind in den ersten Stunden weder stillen noch halten darf. Erst zu Hause in der vertrauten Umgebung und durch Georgs Unterstützung wurde Beate allmählich wieder entspannter und sicherer und konnte sich ihrem bis dahin ziemlich unruhigen Kind ganz anders zuwenden.

Sechs Jahre später wird Beate erneut schwanger. Inzwischen ist Georg ein erfolgreicher Bauunternehmer, sodass Beates Wunsch, beim zweiten Kind zu Hause zu bleiben, nichts im Wege steht. Die Schwangerschaft verläuft ohne Komplikationen, bis Beate Ende des sechsten Monats von dem Suizidversuch ihrer Mutter erfährt – und mit vorzeitigen Wehen ins Krankenhaus kommt. Unter ständiger ärztlicher Überwachung gelingt es tatsächlich, das Kind bis zum Geburtstermin zu halten. Als jedoch die Presswehen einsetzen, schwinden Beates Kräfte, sie wird narkotisiert, und das Kind muss mit der Saugglocke geholt werden. Wieder kann sie ihr Kind nicht gleich nach der Geburt im Arm halten …

Zwanzig Jahre später, als Beate sich beruflich neu orientiert und sich zur Logopädin ausbilden lässt, beginnt sie sich zu fragen, warum ihre beiden inzwischen erwachsenen Kinder oft so ängstlich reagierten, wenn sie nicht in der Nähe ist, und weshalb beide so stressanfällig sind. Auch denkt Beate jetzt immer öfter darüber nach, sich von Georg zu trennen, weil sie keine Liebe mehr zu empfinden glaubt. Als sie aber erfährt, dass Georg eine Beziehung zu einer anderen Frau hat, bricht für sie doch eine bis dahin als sicher erlebte Welt zusammen. Sie spürt starke, fast panische Verlustängste. Ein einfühlsamer Arzt verschreibt ihr sanfte Medikamente, spricht aber auch ihren psychischen Zustand an und rät ihr, sich mit der frühen Lebensgeschichte zu befassen.

Als das Paar vor mir in der biografischen Beratungspraxis sitzt, stelle ich die üblichen Eingangsfragen, unter welchen Bedingungen sie sich damals kennengelernt haben, welche Beziehungserfahrungen sie beide von zu Hause mitgebracht haben und wie sie als Kind Bindung und Nähe erlebt haben. Das Paar kommt schon bald zu wichtigen Erkenntnissen, und es sieht so aus, als hätte sich die Frage nach einer Trennung erst mal erübrigt. Beate und Georg stehen während der Beratung in einem zugewandten Körperdialog, der deutlich zeigte, dass sie beide noch eine starke Verbindung spüren. Bei der Frage nach den Geburtserlebnissen jedoch bricht Beate in Tränen aus; und zum ersten Mal spricht sie über ihren Schmerz und den damaligen Schock. Und ganz nebenbei erwähnt sie, dass sie genau wie ihre Mutter mit der Nabelschnur um den Hals geboren wurde. „Nach meiner Geburt fiel meine Mutter in eine Wochenbettdepression und war nicht in der Lage, sich um mich zu kümmern. Das hat meine Großmutter in den ersten Monaten übernommen." Erst viele Jahre später habe ihre Mutter ihr erzählt, dass der Großmutter die Betreuung zu viel geworden sei und sie am liebsten in eine Pflegefamilie gegeben hätte.

Beates Mutter Barbara, genannt Bärbel, ist ein Kriegskind, das mit sechs Jahren ihre Zwillingsschwester auf der Flucht durch Typhus verloren hat. Zur selben Zeit erkrankte auch Bärbels Mutter und drohte zu sterben. Beate schildert ihre Mutter und Großmutter als pflichtbewusste, aber unnahbare Frauen, die weder körperliche Nähe noch seelischen Halt zu geben verstanden. Während Beate davon erzählt, wird ihr bewusst, was in ihrer weiblichen Linie Verlust- und Existenztraumata hervorgerufen hat, die bis in ihr eigenes Leben hineinreichen. Georg hört die ganze Zeit meist schweigend zu und wirkt ein wenig blockiert. Auf meine Frage, ob er etwas über seine Geburt wisse, schüttelt er den Kopf. In der nächsten Sitzung aber erzählt er, dass er sich jetzt erinnert, wie stolz seine Mutter davon berichtet habe, auf einer Privatstation entbunden zu haben, und dass der Professor sich sehr um sie sorgte und ihr riet, das Kind nicht selber zu stillen, da sie zu wenig Milch habe. Wenige Tage nach der Entbindung erkrankte sie an Kindbettfieber und Georg an Gelbsucht. Der Kleine musste in die Kinderklinik, wo seine Mutter ihn erst Wochen später wieder abholen konnte.

Beate hört ihrem Mann aufmerksam zu und sagt schließlich, dass sie beide offenbar Ähnliches in der frühen Kindheit erlebt haben. Beide mussten ihre Mutter nach der Entbindung entbehren, beide erfuhren keine fürsorgliche Mutterliebe. Es ist anzunehmen, dass sie sich deshalb von dem jeweils anderen angezogen fühlten: Jeder gibt dem anderen, was ihm selbst gefehlt hat. Doch eben das hat auch die Autonomieentwicklung beider Partner behindert.

Zögerlich gesteht Georg, er habe immer eine unterschwellige Verlustangst gespürt, wenn Beate sich weiterentwickelte und eigene Interessen verfolgen wollte. Er sei es gewohnt gewesen, dass Beate um ihn kreist. Mit der neuen Ausbildung zur Logopädin habe sie sich stark verändert und sich gefühlsmäßig von ihm zurückgezogen. Und dann habe er sich auf einer Geschäftsreise in eine Kollegin verliebt.

Nach dieser zweiten Sitzung schlug ich den beiden vor, getrennt voneinander an den individuellen Themen zu arbeiten, da nur die individuell ausgerichtete Biografiearbeit eine Traumazuordnung möglich macht und sich dann erst im nächsten Schritt Handlungsoptionen für die Partnerschaft ergeben können.

Warum biografische Einzelarbeit?

In der Einzelarbeit geht es zunächst darum, seine gesunden Ich-Anteile zu stabilisieren, damit Selbsttäuschungen und Wunschbilder, die aufgrund von frühen Traumata entstanden sind, zum Vorschein kommen. Anschließend wird die Tür zu möglichen Traumata geöffnet und das bisher Abgespaltene behutsam in die eigene Lebensgeschichte integriert. Gelingt dies, entfaltet sich eine innere Freiheit, die nach und nach mit neuen Lebensinhalten gefüllt werden kann. Das wiederum ist ein längerer Prozess und ein Weg der kleinen Veränderungsschritte. Neben der gestärkten Selbstakzeptanz, des neuen Selbstmitgefühls sowie der gewonnenen Reflexionsfähigkeit hat sich im Zuge der Biografiearbeit aber auch ein starker Wille zur Veränderung herausgebildet, der hilft, diesen Weg freudvoll zu gehen – und seinem Leben eine neue Richtung zu geben.

Jenseits von frühen Traumata, die unser Erwachsenenleben negativ beeinflussen können, kommen biografisch bedingte Entwicklungsstaus meist in den Jahren zwischen 7 und 21 Jahren vor. Es lohnt sich, diese ausfindig zu machen, damit die persönlichen Entwicklungsaufgaben sichtbar werden.

Windstille vor der der Pubertät

Denken wir an unsere jungen Jahre zurück: Was ist uns da besonders gegenwärtig? Was war schön an unserer Kindheit in den Fünfzigern und Sechzigern? Was haben wir gespielt? Und was hat uns so sehr fasziniert, dass wir die Zeit darüber vergaßen? Im Sommer über Bäche springen, Baumhäuser bauen, Kirschkernweitspucken in Nachbars Garten, Fische angeln und wieder in den Teich werfen, Mädchen ärgern - im Winter über den gefrorenen Teich schlittern, sich verkleiden, sich im Dunkeln verstecken, in fremden Schubladen kramen, Jungs verpetzen und heimliche Doktorspiele ...

In den 1950er-Jahren gab es weder Helm- noch Gurtpflicht, die wenigsten hatten ein Auto oder Telefon, es gab noch kein Fernsehen und keinen Klimawandel. Wir durften unbeaufsichtigt spielen und mussten im Winter erst nach Hause, wenn die Straßenlaternen angingen. Wir aßen mittags, was auf den Tisch kam, und wenn nicht, bekamen wir es am Abend erneut vorgesetzt. Nutella gab es nicht, dafür Rübenkraut und Kunsthonig. Nach der Schule wurden die Kleider aus- und Alltagskleidung angezogen. Wir trugen die alten Pullover, Mäntel und Schuhe unserer Geschwister auf, da konnte es schon mal vorkommen, dass ein Junge den Pullover der Schwester und ein Mädchen den Anorak des Bruders anhatte, was manchmal für Spott und Hänseleien in der Schule sorgte. Kinder vom Bauernhof schämten sich für den Stallgeruch in der Kleidung, Stadtkinder für ihre dünnen Beine. Woran erinnern wir uns gerne und woran lieber nicht? An den Apfelkuchen mit Zimtstreuseln, den wir in Omas Küche backen durften, oder an den ekligen Geruch von Klosterfrau Melissengeist auf Omas Nachttisch? An Opas herrlich großen Garten oder an die geschlachteten Kaninchen, die im Kellereingang hingen? Erinnern wir uns an die Gutenachtgeschichten, die uns Mutter vorlas, bevor sie zur Nachtschicht in die Fabrik aufbrach, oder an das schmerzhafte morgendliche Zöpfeflechten? Denken wir an die Sonntage, an denen Vater endlich mal Zeit hatte, mit uns Fußball zu spielen, oder an seine langatmigen Vorträge beim öden Sonntagsspaziergang?

Und was fällt uns zu unseren älteren Geschwistern ein, die schon Dinge tun durften wie rauchen, schminken und im Partykeller feiern, die wir auch gerne getan hätten? Und zu den jüngeren, deren ewiges Gemogele beim „Mensch-ärgere Dich-nicht" nervte? Ihre verrückten Albernheiten oder ihr bescheuertes Petzen? Und haben wir uns nicht auch manchmal gewünscht, in eine andere Familie hineingeboren zu sein?

Die Kinder von nebenan

Erfahrungen außerhalb der eigenen Familie erweitern den Horizont. Je vielfältiger diese sind, desto leichter fällt es uns später, tolerant zu sein. Im Alter zwischen 7 und 12 Jahren werden Unterschiede bewusst wahrgenommen, weil man anfängt, sich mit anderen zu vergleichen. In den 50er-Jahren waren zum Beispiel nur wenige Mütter berufstätig. Es galt noch das Gesetz der „Hausfrauenehe", was bedeutete, dass der Ehemann in die Berufstätigkeit seiner Frau einwilligen musste. Im Haus hatten solche Haus- und Ehefrauenmütter stets ein wachsames Auge auf uns; immer gab es etwas zu tun, bevor man nach „draußen" durfte. Freizeit war allgemein knapp bemessen: Erst die Arbeit, dann das Vergnügen – wobei das Vergnügen oft nur kurz währte. Kam man nach Hause, wartete erneut Arbeit. Da kannten die Eltern, geprägt von ihrer eigenen harten Lebensschule, kein Pardon. So entstand der Eindruck, dass die Kinder arbeitender Mütter länger draußen spielen durften; die hatten sogar einen eigenen Hausschlüssel. Wie haben wir sie heimlich bewundert, obwohl man uns vor „Schlüsselkindern" warnte. Wenn schon ... Bei ihnen konnten wir in Schuhen durchs Haus laufen und uns am Kühlschrank bedienen, ohne zu fragen. Da gab es kein Mittagsgebet bei Tisch und keine mahnenden Worte, da wurde gelacht und rumgealbert, es ging laut und lebhaft zu, während zu Hause am Tisch geschwiegen wurde, und die Spielkameraden vor der Tür warten mussten.

Vom Schmuddel- zum Wohlstandskind

In Erziehungs- und Wertefragen scheinen die Mütter aller Generationen immer wieder zu konkurrieren. Keine Mutter will sich für ein nicht konformes Verhalten und Auftreten der eigenen Kinder schämen müssen. Denn das „Versagen" der Kinder trifft viele Mütter oft bis ins Mark. „Spiel nicht mit den Schmuddelkindern", diese Titelzeile des Liedes von Franz Josef Degenhardt war durchaus wörtlich zu nehmen: Man solle sich bloß nicht mit den unflätigen, wilden Straßen- und Arbeiterkindern abgeben und sich lieber um Bildung und Anstand bemühen. In den Fünfzigern standen insbesondere die arbeitenden Mütter im Visier all jener Mütter, die zu Hause blieben und den Werten einer tüchtigen Hausfrau und damit dem Bild der deutschen Mutter gerecht wurden, ein Relikt des Dritten Reichs, das noch immer in unserer Gesellschaft herumgeistert. Der Muttermythos scheint ein ziemlich deutsches Phänomen zu sein, denn heute müssen sich Mütter hierzulande nicht nur rechtfertigen, wenn sie arbeiten und ihre Kinder schon früh in die Obhut der Krippe geben (egoistische Rabenmütter), sondern auch wenn sie nicht berufstätig sind (bequeme Betreuungsgeldschmarotzer).

Gefühlte Wahrheiten

Welches Bild wir heute von unseren Kindheitsnachmittagen haben, hängt mit unserer damaligen Gefühlswelt zusammen. Wir erinnern uns an das, was für uns emotional bedeutsam war. Das gilt im Positiven wie im Negativen. Schon lange vor der Pubertät bemerken wir erste Widersprüche in elterlichen Verhaltensweisen, können sie aber noch nicht in übergeordnete Zusammenhänge bringen. Es ist verwirrend, wenn sich die Mutter zu Hause über eine übertrieben ehrgeizige Lehrerin beklagt, aber freundlich lächelnd schweigt, wenn diese auf dem Elternsprechtag über die Nachlässigkeit des Kindes meckert. Es verunsichert, wenn Eltern auf bestimmte Politiker schimpfen, aber immer wieder genau die wählen, mit denen sie nicht einverstanden sind. Kinder widersetzen sich, wenn sie keine stabile Richtung erkennen. Die Taktiken sind bei allen Kindern gleich: Trödeln, Nörgeln, Jammern, Schreien, Toben ... Damit gewinnen sie emotionale Macht über ihre Eltern, solange diese nicht wagen, ihre natürliche Autorität einzusetzen, die dem Kind Orientierung bieten würde. Kinderpsychiater stellen in jüngster Zeit fest, dass verwirrende Strukturen entstehen, wenn Kinder wie „Partner“ angesprochen werden und Eltern „beste Freunde“ und „Kumpel“ ihrer Kinder sein wollen. Im Grunde sind es aber die Eltern, Erzieher und Lehrer, die beunruhigt und verunsichert auf die wechselhaften Stimmungen und natürliche Lebendigkeit der Kinder reagieren. Es mehren sich die Hinweise darauf, dass Schulkinder mit beruhigenden oder leistungssteigernden Medikamenten versorgt werden, damit die Mütter dieser Kinder beruhigt sind. Ein Blick in die Biografie dieser verunsicherten „Kumpeleltern“, auf ihre Kindheits- und Schulerfahrungen, bringt oft unbewältigte Ängste vor bestimmten Autoritätspersonen und eigenem Lernversagen zum Vorschein. Eltern, Lehrer und Lehrherren, die sich damals ausschließlich fehlerorientiert verhielten und Versagen hart bestraften, hinterlassen nun mal tiefe Spuren im Gedächtnis. Vor allem die in den 50er Jahren Geborenen hatten es mit übergriffigen, bisweilen sogar äußerst brutalen und nur selten mit schützenden Personen zu tun. Methoden wie völlig sinnlose Strafarbeiten, Stockschläge und Demütigungen vor der versammelten Klasse, verhinderten, dass sich ein gesundes, angstfreies Lernverhalten entwickeln konnte.

Schulspuren

Man erinnert sich noch in späten Jahren an Ungerechtigkeit und Beschämung, an Ermutigung und Anerkennung in der Schule. Lob und Tadel im Übermaß birgt die Gefahr, abhängig zu werden von dem, was andere erwarten und einfordern. Zu viel Lob und Tadel verleiten dazu, sich immer mehr anzustrengen und nicht mehr zu fühlen, wann es genug ist. Die Spätfolgen zeigen sich meist in den Jahren zwischen 40 und 50, in denen es auffallend oft zu Erschöpfungssymptomen, Burnout und Depression kommt ...

Je jünger Kinder sind, desto mehr sind sie bemüht, den Erwartungen der Lehrer, vor allem der Grundschullehrer zu entsprechen, um sie nicht zu enttäuschen. Es lohnt sich, Kinder der 1. Klasse zu beobachten, die zunächst noch freudig vom Unterricht nach Hause stürmen und sofort ihre Hausaufgaben erledigen wollen. Doch schon nach den ersten Sommerferien ändert sich das Bild. Bepackt mit immer schwerer werdenden Schultaschen und Turnbeuteln, mühen sie sich aus überquellenden Schulbussen, werden von gehetzten Müttern mit dem Auto abgeholt oder radeln mit ihren wuchtigen Schulranzen und bunten Helmen, unter denen ihre angestrengten Gesichter hervorlugen, nach Hause, vorausgesetzt, sie haben ihre

Fahrradprüfung bestanden. Unter welchen Bedingungen Kinder lernen zu lernen, bleibt ein Leben lang neuronal gebahnt. Ist es eine Lehrerin, die sie mit einem Lächeln und Warmherzigkeit an schwierige Aufgaben heranführt, die geduldig warten kann, bis jedes Kind verstanden hat, worum es geht, oder eine Lehrkraft, die keine Unterschiede macht und von allen die gleiche Leistungsbereitschaft fordert, oder ein Lehrer, der Mädchen bevorzugt und Jungs mit blöden Sprüchen provoziert? Je nachdem wie Autoritätspersonen mit Kindern umgehen, werden Wissbegierde und Neugier in fruchtbare Bahnen gelenkt oder der Widerwille, etwas Neues zu lernen, genährt. Über Gelingen und Misslingen entscheiden manchmal vermeintliche Kleinigkeiten. Es ist leicht, Kinder zu beschämen. Schon ein unbedachtes Wort kann eine kindliche Seele verwunden und ein Leben lang schwären.

In der biografischen Arbeit wird sichtbar, dass sich im späteren Berufsleben zu wiederholen scheint, worunter man in der Schule gelitten hat. Da gleicht der Chef dem ehemaligen verhassten Lehrer, die Vorgesetzte der strengen Nonne auf der Mädchenschule, die Kollegin der arroganten Streberin aus der Grundschule. Und genau deshalb leiden manche Eltern ganz persönlich, wenn ihr Kind vermeintlich ungerecht behandelt oder gedemütigt wird. Denn nicht nur die Generation unserer Großeltern und Eltern, sondern auch noch die in den 50er-Jahren Geborenen litten unter Prügelstrafen durch Lehrkräfte. Schlimmer noch als die körperliche Züchtigung trifft Kinder aber ein Vertrauensmissbrauch. Kam das Kind aufgelöst nach Hause und erzählte, dass der Lehrer ihm wegen eines Tintenflecks im Heft zehn Hiebe mit dem Lineal auf die Fingerspitzen gegeben habe, setzte es zu Hause gleich noch ein paar Ohrfeigen vom Vater hinterher, mit den Worten: „Dann hast du es wohl verdient!“ Damit wird der kostbare Selbstwert eines Kindes schwer missachtet. Waren Übergriffe an der

Tagesordnung, reagiert man bis ins hohe Alter überempfindlich auf Beschämung, Beschuldigung und Kritik. Auch Perfektionismus, der sich bis zur Zwanghaftigkeit steigern kann, resultiert meist aus einem kindlichen Gefühl des Versagens und sabotiert in den späten Jahren jedes zufriedene Lebensgefühl.

Heiße Zeiten für coole Kids?

Zwischen 12 und 15 Jahren erwachen Energien, die sich als unkontrollierte Gefühlsäußerungen und Stimmungsschwankungen, Aggression, Verschlossenheit oder Rückzug Bahn brechen, je nach Tagesform. Mitten in der Pubertät angekommen, verlassen die jungen Menschen kaum noch ihr Zimmer, die schmutzigen Klamotten stapeln sich, das Bad ist ständig besetzt und natürlich abgeschlossen, das Smartphone stets griffbereit. Diese Zeit ist geprägt von starken Ambivalenzen. Einerseits hoffen heranwachsende Kinder weiterhin auf elterliches Vertrauen, andererseits haben sie den starken Drang, sich gegenüber elterlichen Erwartungen und Bevormundungen durchzusetzen. Freunde und Peergroups werden immer wichtiger. Alles, was diese cool oder megageil finden, bringt die meisten Eltern auf die Palme. Waren es in den Siebzigern Minirock und Pilzkopf, die Songs der Stones und das „Gitarrengejaule“ von Jimmy Hendrix, so sind es heute Tattoos, Piercing oder obszöner Gangsterrap.

Eltern *müssen* aber auch gar nicht verstehen, warum pausenlos Selfies auf Foto-Plattformen hochgeladen werden. Schließlich wird ja auch jede Befindlichkeit auf Facebook gepostet ... Diese virtuelle Form von Beziehung ist gleichermaßen nah und fern, bleibt unverbindlich und hat selten Bestand; denn im realen Leben sind viele dieser Kids kaum noch in der Lage auszudrücken, was sie wirklich fühlen. Hirnforscher weisen bereits darauf hin, dass der übermäßige und vor allem zu frühe Gebrauch digitaler Medien, die sozialen und empathischen Fähigkeiten allmählich verkümmern lässt. Herkunft und Bildungsgrad der Kinder spielen dabei keine Rolle. Die ehrgeizigen und zielorientierten Secondas sind genauso infiziert wie Rich Kids und Hipster. Was aber unterscheidet die modernen Kids von uns während der Pubertät? Welche Grenzen haben wir ausgereizt und welche nicht gewagt zu überschreiten?

Zu den Entwicklungsaufgaben zwischen 14 und 21 Jahren gehört es nun mal, Grenzen zu erfahren, diese auszuloten und auszutesten. Eine Aufgabe, die uns zwischen 40 und 50 Jahren übrigens wiederbegegnen wird.

An dieser Stelle möchte ich darauf hinweisen, dass ich mich ausschließlich auf die aktuelle Teenager-Generation in Westeuropa beziehe. In anderen Gebieten der Erde werden Kinder und Jugendliche oft viel zu früh erwachsen – denken wir nur an die ausbeutende Kinderarbeit in Ländern der Dritten Welt, an traumatisierte Kindersoldaten, an Zwangsheirat – dort findet, biografisch betrachtet, wenig von dem statt, was Kinder und Jugendliche aus unserer heutigen Sicht für eine gesunde Entwicklung benötigen.

Grenzenlos ins Uferlose?

Grenzen und Regeln sind sinnvoll, wenn sie Orientierung bieten, sowie Respekt und Eigenständigkeit fördern. Überflüssige Begrenzungen und Bestimmungen hingegen verleiten zu Grenzüberschreitungen. Wer als 14-Jähriger den Schulhof während der Schulzeit ohne Genehmigung verlässt, wer ohne Helm Mofa fährt oder im Supermarkt Kaugummis klaut, der testet aus, wie weit er gehen kann. Das Gefühl, etwas „Unrechtes“ zu tun, muss subjektiv erlebt werden, damit sich ein eigenes Rechtsempfinden entwickeln kann. In der Biografiearbeit zeigt sich oft, dass *mangelnde* Grenzerfahrungen in der Jugend eine Gewissensausbildung verzögern oder gar verhindern. So werden stattdessen Wege gewählt, die nicht in die Reife führen, sondern in Trotz und Widerstand stecken bleiben und sich in der zweiten Lebenshälfte erneut ihren Weg bahnen. Risikobereitschaft kann sich beispielsweise auf sportlichem Gebiet äußern, indem dem Körper unverhältnismäßig viel abverlangt wird, so lange, bis das eigene Leben in Gefahr ist.

Trotzdem: Ein gewisser Wagemut gehört zum Leben dazu; denn wer lernt, für das, was er tut oder unterlässt, Verantwortung zu übernehmen, der lernt gleichzeitig, sich mit seinem Gewissen auseinanderzusetzen. Wer in jungen Jahren das Gefühl nicht kennt, sich zu weit vorgewagt zu haben, wer sich nie aus der Komfortzone hinausbewegt, der bekommt kein Gespür für die natürlichen Grenzerfahrungen, die das Leben bereithält. Und wer sich um der Bequemlichkeit willen nur an das hält, was andere ihm sagen oder sich aus einem Gruppenzwang heraus zu Dingen verleiten lässt, die er selber nicht tun würde, bleibt anfällig für Mainstreams und Stimmungsmacher.

Jede Generation Heranwachsender findet ihre eigenen Grenzwerte und schlägt auf ihre Weise über die Stränge. Grundsätzlich ist festzustellen: Je rigider oder lebensfeindlicher die Einstellungen in Elternhaus und Schule sind, je weniger zugehört und miteinander geredet wird, desto eher tendieren Teenager zu gefährlichen Dingen. Heute berichten Lehrer vermehrt von gewalttätigen Schülern, und zwar längst nicht mehr nur an sozialen Brennpunkten in Ballungsgebieten. Neben tätlichen Angriffen nehmen auch verbale Beleidigungen und Drohungen gegenüber Lehrkräften zu. Doch obwohl Lehrer die Ursachen wie Integrationsprobleme, zerrüttete häusliche Verhältnisse und Perspektivlosigkeit kennen, scheint es vielen unmöglich zu sein, vorbeugend zu wirken oder gegebenenfalls aktiv einzuschreiten. Weil die Schulleitung lieber wegsieht und Konflikte dieser Art dem Ruf der Schule schaden könnten?

Doch je mehr Lehrer sich diesen Konfrontationen entziehen und stattdessen harmloses Pöbeln und Raufen bestrafen, desto mehr wird das grenzwertige Verhalten der Jugendlichen angestachelt.

Nur wenn man bereit ist, die teils radikale Protesthaltung der Jugend zu verstehen, besteht die Chance auf eine Auseinandersetzung auf Augenhöhe. Heftige Wortwechsel, Ringen und Streitigkeiten müssen als Ausdruck innerer Konflikte eingeordnet werden, die gehört werden wollen. Die Pubertät ist nun einmal die Zeit der jugendlichen Kompromisslosigkeit, die notwendig ist, damit sich eigene Vorstellungen vom Leben festigen können. Für unsere Generation ist es wichtig, dies im Rückblick auf unsere eigene Pubertät zu erkennen, damit wir nicht in die Falle des Alters tappen und genau das wiederholen, was wir damals bei den Erwachsenen kritisiert haben: mangelndes Verständnis und Vertrauen. Welche Erfahrungen wir gemacht haben, welche die junge Generation macht und wie wir und sie damit umgehen, bleibt bis ins hohe Alter ein zwischenmenschliches Lernthema.

Idole, Visionen und Utopien sind der ideale Resonanzboden für die jugendliche Persönlichkeit. Die in den 1950er-Jahren Geborenen waren von Gandhi und Martin Luther King fasziniert; ihr politisches Credo war gewaltloser Widerstand. Sie schwärmten für die Stones und The Who, deren aufsässiges Auftreten das eigene Aufbegehren gegen das Establishment widerspiegelte. Heute ist es der Dalai Lama, der selbst junge Menschen zu begeistern versteht, weil er sie ernst nimmt. Aber ebenso vermögen die Parolen von Neonazis oder Pegida kurzfristig zu begeistern. Denn damals wie heute gilt: Wenn junge Menschen sich nirgendwo zugehörig und verstanden, sich abgelehnt und abgewertet fühlen, sind sie gefährdet und anfällig für radikale bis kriminelle Strömungen. Andererseits: Wenn es nichts Neues mehr zu erobern gibt, können junge Menschen nicht innovativ sein. Stattdessen lassen sie sich von der omnipräsenten Werbewirtschaft verführen und laufen jedem Trend hinterher, ohne jemals bei sich anzukommen ...

Identitätskrisen: moderne Lehr- und Wanderjahre

Zu den Lehr- und Wanderjahren im Leben heranwachsender Menschen gehört es, sich vielfältig ausprobieren zu dürfen, um herauszufinden, was zur eigenen Persönlichkeit passt. Für die in den 1950ern Geborenen war es noch leichter, etwas auszuprobieren und auszutesten, weil deren Eltern vieles versagt geblieben war. Für die heutige junge Generation scheint das schwieriger zu sein, denn wenn schon alles an Errungenschaften vorhanden ist, was kann dann an Neuem entstehen? Wer in der Pubertät das Wagnis der Grenzüberschreitung nicht eingegangen ist, um sich selbst zu entdecken und herauszufinden, welche Kräfte und Ideen in ihm schlummern, der wird auf Nummer sicher gehen und versuchen, das Vorhandene zu perfektionieren. Die meisten jungen Menschen stehen unter permanentem Wettbewerbsstress, um ihr gutes Leben bestmöglich hinzubekommen. Sie streben nach dem perfekten Abitur oder optimalen Lehrvertrag und machen sowohl ihre ersten Auslandserfahrungen als auch den Führerschein bereits während der Schulzeit. Häufig werden sie von Eltern dazu verleitet, die selbst unter enormem Wettbewerbsdruck stehen und nur das Beste vom Besten unterstützen. Konkurrenz, so wurde es ihnen in ihrer Jugend vermittelt, ist die eigentliche Triebfeder, um sich anzustrengen und weiterzuentwickeln. Gerald Hüther, Biologe und Hirnforscher, weist allerdings darauf hin, dass Konkurrenzdruck emotionalen Druck erzeugt und nur dazu führt, dass etwas, was schon da ist, weiter verbessert werden muss, was wiederum nur zu einer fortschreitenden Spezialisierung führt. Kreative Lösungen und spielerisches Ausprobieren hingegen sind nur ohne Druck möglich. Die zukünftige Herausforderung der Gesellschaft bestehe also darin, so Hüther, die Potenziale der jungen Menschen frei von Konkurrenz und Wettbewerb zu entfalten. Um ein umfassendes Verständnis für die kausalen Zusammenhänge der eigenen Biografie zu erhalten, ist es dringend notwendig, die neue Generation aufmerksam zu beobachten. Im Gegensatz zu uns – den Fünfzigern – stehen die jungen Leute weniger auf Drogen und Rebellion als auf Körperkult und Höchstleistung. Rumbummeln oder -gammeln ist out. Einfach mal gucken, was kommt? Geht gar nicht. Es braucht ein Ziel. Wer keins hat, sich nicht ständig fordert, geht leer aus, denn die Arbeitgeber suchen sich nach wie vor nur die Besten aus; trotz Fachkräftemangels werden vornehmlich Abiturienten gesucht. Alle anderen fallen erst mal durchs Raster.

Von der Null-Bock- zur Warum-Generation

Zwischen 16 und 21 Jahren findet eine Auseinandersetzung mit alten und neuen Rollenbildern statt: die Suche nach der eigenen Identität. Es beginnt zunächst damit, das Mutter- und Vaterbild offen zu hinterfragen, zu beanstanden oder anzugreifen, um sich dann mit Popstars, Models oder Fußballstars zu identifizieren. Viele der in den 50ern Geborenen wollten zum Beispiel nie so spießig und konservativ leben wie ihre Eltern. Die innere Frage „Wer bin ich eigentlich?" äußerte sich aber damals wie heute in vielerlei Suchbewegungen; man fühlt sich von den unterschiedlichsten Dingen und „Vorbildern" angezogen, nur um sie dann kurze Zeit später wieder auszutauschen. Es fehlt jetzt an Stabilität und Orientierung – und das kann für viele verwirrend sein. In den rebellischen siebziger Jahren stemmten sich die jungen Leute nicht nur gegen das langweilige, verkrustete Elternhaus, sondern auch gegen Alt-Nazis und reaktionäre Politiker. Es wurde lautstark diskutiert, protestiert und demonstriert. Das haben die heute 15- bis

30-Jährigen kaum noch nötig. Sie haben, was sie brauchen – wozu sich auflehnen? Was diese Generation erschüttert, kommt von außen: Der 11. September 2001 zog ihnen den sicher geglaubten Boden unter den Füßen weg. Schließlich stehen die USA, insbesondere New York, ganz oben auf der Prioritätenliste für einen Auslandsaufenthalt. Umweltkatastrophen, islamistischer Terror, Flüchtlingsströme und Wirtschaftskrisen prägen die Welt, in die sie hineinwachsen. Doch in einer Welt, in der nichts mehr sicher ist, wo Krisen und Katastrophen an der Tagesordnung sind, lernen sie etwas Entscheidendes: Nichts ist für immer, und nichts ist planbar.

Der renommierte Soziologe und Jugendforscher Klaus Hurrelmann traut dieser Generation deshalb auch einiges zu und übergibt ihr gerne die Verantwortung: Er ist der Ansicht, dass ihr Egoismus neue Reformen hervorbringen wird, weil sie sich zu einer unruhigen und leicht erregbaren Generation entwickelt, die flexibel ist und gelernt hat, sich durchs Leben zu lavieren. Die jungen Menschen seien wahre Überlebenskünstler und zugleich pragmatische Idealisten, die hervorragend ausgebildet sind und das System von innen heraus unterwandern werden. Womöglich werde diese Generation ohne große Absicht die Welt verändern und damit Antworten auf ihre drängenden „Warum"- und „Wieso"-Fragen finden. Für alle Älteren bedeutet dies, diese Generation wohlwollend und ermutigend zu begleiten.

Der umgepflügte Boden der 50er-Jahre-Generation

Für unsere Generation gab es offensichtlich noch genügend Themen, die wichtig genug waren, um sich vehement aufzulehnen. Die Zeit war aber auch reif ... So brachte die Freigabe der Pille eine erste durchgreifende gesellschaftliche Veränderung mit sich, wobei die befürchteten sexuellen Ausschweifungen nur relativ kurz währten. Offene Beziehungen und Ehen hielten nämlich nicht allzu lange. Von den wilden Exzessen der Rockstars waren wir zwar begeistert, doch sie waren nicht übertragbar auf das eigene Leben. Kiffen bedeutete in den Siebzigern Aufbruchstimmung, und erzeugte kombiniert mit bestimmten Musikrichtungen einen herrlichen Rauschcocktail: Man diskutierte über Gott, der tot war, und die Welt, die bestechlich war, philosophierte auf Patchworkdecken über Kants und Hegels Theorien, hörte „The Doors“ und schaute auf zu Che, dessen Konterfei an der Tür klebte. Wir trieben uns in unerforschten Gebieten herum, von denen unsere Eltern keinen blassen Schimmer hatten. Für viele der heutigen Generation ist Kiffen überhaupt nichts Extremes mehr, stattdessen wird mit Koma- und Flatratesaufen um Abstürze gewetteifert. Sie schauen sich Pornos im Internet an und schwören trotzdem auf Treue. Der Reiz des Ausbrechens ist vorbei und das Bedürfnis nach Empörung längst abgeflaut. Im Grunde steht auf materieller Ebene das meiste zur Verfügung; und auch die Eltern scheinen viel lockerer geworden zu sein: Mutter und Tochter gehen zusammen Dessous shoppen, gucken dieselben Soaps, verpassen keine DSDS-Sendung und lieben beide Lovesongs von Adele und Pink. Väter und Söhne sehen von hinten ähnlich aus, beide tragen ihre Jeans auf Halbmast, die Hemden aus der Hose und haben einen rasierten Haaransatz. Sie flitzen mit ihren Rennrädern um die Wette und gehen beide ins Fitnesscenter – der eine zu McFit, der andere zu Fitness First.

Von außen gesehen scheint alles harmonisch und perfekt zu sein. Doch die junge Generation kann und wird zukünftig anders leben als ihre Eltern und Großeltern. Während die einen schon jetzt zu strengen Veganern werden, lassen andere noch nicht von Fast Food ab. Wo die ersten sich eine vorübergehende Mediendiät verordnen, fahren andere garantiert nirgends hin, wo es kein W-LAN gibt. Noch wagen die meisten jungen Menschen kaum Experimente in puncto Ausbildung, weil eine Lehre in Einzelhandel, Büro oder Verwaltung, als medizinische Fachangestellte oder Arzthelferin sicher erscheinen, doch ganz allmählich ändert sich auch da etwas: Junge Männer interessieren sich durchaus für soziale Berufe wie Erzieher und Musikpädagoge, junge Frauen wollen Soldatin oder Kraftfahrerin werden oder studieren eifrig BWL, und erstaunlich viele junge Menschen wollen in die Pflege oder geben Psychotherapeut als Wunschberuf an. Zwar haben sie heute mehr Freiheiten, was sich auch in einem Mehr an Wahlmöglichkeiten zeigt, doch ob diese Freiheiten auch dazu führen werden, sich von *inneren* Ängsten zu befreien, muss sich erst noch erweisen.

Trümmer- statt Wanderjahre

Und die Großeltern- und Elterngeneration, die Kriege erlebt haben? Wie steht es um deren Lehr- und Wanderjahre? Schließlich gab es da kaum etwas auszuprobieren, weil alles in Schutt und Asche lag. Noch Ende des Krieges wurden 15- und 16-jährige Jungen dem Wahnsinn geopfert. Zurück blieben die kleinen Geschwister sowie junge Mädchen und ihre Mütter, die sich angesichts der schmerzvollen Verluste verhärten und auch ihre weibliche Identität zum Teil aufgeben mussten. Hingabe, Zärtlichkeit, Feinfühligkeit und Empathie waren für viele damals ebenso fehl am Platz wie Rebellion, Trotz oder Widerstand. Erst mussten sie sich um das tägliche Überleben, dann um den Wiederaufbau kümmern. Die Frauen haben Nahrungsmittel und Geld zusammengehalten und gespart. Nichts wurde vergeudet oder einfach weggeworfen. Aus diesem Grund ist auch nachvollziehbar, dass viele Mütter dieser Generation sich schwer damit taten, zu verstehen, was ihre heranwachsenden Kinder begeisterte. Die Sendung „Beat Club“ mit dieser „verrückten Musik“ und die Mode der „langhaarigen Hippies“ erzeugte bei ihnen pure Abwehr. Sie verehrten immer noch

Greta Garbo, Zarah Leander, Marlene Dietrich und tanzten mit Gerhard Wendland in den Morgen.

Wer um seine Kindheit und Jugend gebracht wurde, hat Mühe, die heranwachsende Jugend zu lieben und deren vorwärtsdrängende Energien zu akzeptieren. Kriegsereignisse und Entbehrungen lassen Kinder und Jugendliche ernst, ängstlich oder zynisch und vorzeitig erwachsen werden. Fröhlich-übermütige Unbeschwertheit kennen sie so gut wie nicht. Folgerichtig oblag es den in den 50er-Jahren Geborenen auszuprobieren, was ihren Eltern verwehrt geblieben und entsprechend fremd war: Freiheit, Gerechtigkeit, Weltfrieden.

Gescheiter durch Scheitern

Warum also muss alles erst zerfallen, bevor etwas Neues aufgebaut werden kann? Die Geschichte lehrt: Sobald Gemeinschaften starr und deren Entwicklungsfähigkeiten beschränkt und beschnitten werden, setzen Verfallsprozesse ein. Und zwar auf allen Ebenen. Das Gemeinschafts- und Zugehörigkeitsgefühl in politischen, gesellschaftlichen und familiären Systemen geht nach und nach verloren. Jeder sorgt sich nur noch um das eigene Wohlergehen. Offenbar müssen untauglich gewordene Systeme zusammenbrechen, damit Fragen wie „Was wollen wir eigentlich wirklich?“, gestellt werden. Aber setzen wir uns auch ein für das, was wir wollen?

Innerhalb der eigenen Biografie zu erkennen, wie es um das Wollen und Wählen bestellt ist, erweist sich in der Regel als wichtiger Wegweiser. Haben wir unser Studienfach, unseren Beruf, unseren Partner frei, also ohne Beeinflussung von außen gewählt? Oder wurden wir in eine bestimmte Richtung gedrängt? Musste ich dem gleichen Beruf folgen wie mein Vater? Redeten mir meine Eltern beispielsweise das Medizinstudium aus, da mein Vater nichts von Akademikern hielt, weil er Handwerker war? Wie habe ich mich in dieser Situation positioniert? Welche Rolle nahm ich innerhalb der Familie ein? War ich eine Trotztochter, die sich erst spürt, wenn sie Widerstand leistet und für ihre Überzeugungen eintritt? Oder eher eine Fürsorgetochter, die sich über Helfen und Aufopfern definierte und immer zu wissen glaubt, was gut für den anderen ist? Wir wählen die Rollen, die wir einnehmen, nicht immer freiwillig. Manchmal passen sie zu unserer Persönlichkeitsstruktur, manchmal nicht. So kann es vorkommen, dass wir einen unpassenden Beruf wählen oder eine nicht tragfähige Beziehung eingehen ...

Die Zeit zwischen 16 und 21 Jahren ist stets die Zeit der inneren Ablösung von den Eltern. Entsprechend werfen innerlich ungelöste Konflikte mit ihnen lange Schatten auf unsere Zukunft. Ein Sohn, der sich nicht aus der emotionalen Verstrickung und Umklammerung seiner Mutter lösen konnte, wird kaum gelingende Bindungen zu Frauen herstellen können, weil er das innere Mutterbild auf jede Frau überträgt, mit der er eine nahe Beziehung eingeht. Und eine Tochter, die sich ihrem Vater emotional näher fühlt als der Mutter, weil diese ihr nicht den gewünschten emotionalen Halt geben konnte, idealisiert das Bild des Vaters und damit das Bild des Mannes. Kommt es in der Partnerschaft später zu Konflikten, kämpft sie um das, was sie weder bei der Mutter noch beim Vater ausreichend bekommen hat. Töchter, die sich enttäuscht von der Mutter abwenden, wissen oft nicht, warum sie sich mit ihren unerfüllten Bedürfnissen an den Vater wenden. Dieser kann ihr naturgemäß nicht die mütterliche Nähe geben, sondern fördert eher das Leistungs- und Autonomiestreben.

Die jeweilige Art und Weise, wie wir versucht haben, in der Herkunftsfamilie Oberwasser zu bekommen, ist unter anderem dafür verantwortlich, welche (vermeintliche) Identität wir uns aufbauen. Diese scheint uns auf den Leib geschneidert, solange wir mit ihren Vorzügen punkten können. Ob es sich nur um wackelige Pseudo-Identitäten handelt, merken wir erst, wenn wir trotz Idealismus und Anstrengung hart auf dem Boden der Realität landen. Gut so. Denn nun beginnen wir, unser Leben immer mehr in die eigene Hand zu nehmen.

Biografische Fragen

Das erste Jahrsiebt (0-7 Jahre)

Was ist meine früheste Erinnerung?
Welche Wirkung hat diese Erinnerung auf mein jetziges Leben?

War ich in den ersten sieben Jahren meines Lebens krank?
War ich im Krankenhaus?
Wie gehe ich heute mit Krankheit um?

Wie wuchs ich auf?
Wer war für mich da? Auch andere Menschen als die Eltern?
Wie war die Beziehung meiner Eltern zueinander?
Welche Eigenschaften haben/hatten die Menschen in meiner Herkunftsfamilie?
Wie habe ich Bindung erlebt?
Wie erlebe ich sie heute?

Das zweite Jahrsiebt (7-14 Jahre)

Welche Normen - Werte - Gewohnheiten haben auf mich gewirkt?
Familie - Gesellschaft - Schule - Kirche - Sonstige ...: Welche davon sind heute meine eigenen wertgebenden Institutionen? Welche habe ich übernommen?

Wie habe ich Schule und Lehrer erlebt?

Für wen habe ich gelernt? Für wen habe ich mich besonders angestrengt? Wie gehe ich heute mit Autoritätspersonen um?

Was konnte ich besonders gut? Was fiel mir schwer? Wie gehe ich heute mit Erfolg und Misserfolg um?

Das dritte Jahrsiebt (14-21 Jahre)

Welche Ideale hatte ich? Welche Idole?
Für wen oder was habe ich geschwärmt?
Was hat mich begeistert?

Welche Menschen haben mich in dieser Zeit stark beeinflusst – im Positiven wie im Negativen?
Welche Menschen ziehen mich heute besonders an?
Was sind ihre besonderen Eigenschaften und Qualitäten?

Welche Grenzen wollte ich damals testen?
Welche habe ich gewagt zu überschreiten?
Wie gehe ich heute mit Begrenzungen um?

Wogegen habe ich mich aufgelehnt?
Wogegen habe ich nie gewagt, mich aufzulehnen?

Wer war meine erste Liebe?
Was ist daraus geworden?
Wie ging ich mit Sexualität um?
Welchen Stellenwert hat Sexualität heute für mich?

In den Jahren zwischen 22 und 42

Willkommen in der Realität

Wie die Welt in den Jahren bis zum 35. Jahr wahrgenommen wird und wovon man meint, dass es einem zusteht, hat mit dem individuellen Grad der Selbstüberschätzung zu tun. Jene elterlichen Haltungen, Überzeugungen und Wertvorstellungen, die zwischen 5 und 15 Jahren unbewusst übernommen und verankert wurden, tauchen erst zwischen 40 und 50 in unserem Bewusstsein auf, um dann überprüft zu werden. Bis dahin glaubt man lange Zeit, man könne all das, was man will, auch schaffen. Wenn das Leben ruft, stürmt man mit ausgebreiteten Armen los. Pläne wollen verwirklicht und die besten Chancen genutzt werden. Warum warten, wenn ichs doch jetzt schon haben kann? Alles unter einen Hut zu bekommen, das sollte möglich sein. Raus aus der engen Zweizimmerwohnung in ein elegantes Loft. Nach der Uni locken Unternehmen mit lukrativen Jobs, nach der Lehre schnelle Aufstiegschancen. Beruf und Beziehung, der Spagat zwischen Karriere und Familie, all das wird schon gelingen. Es gibt schließlich Kitas, Tagesmütter, Teilzeit. Wir arbeiten für Urlaube in fernen Ländern, für Restaurantbesuche, edle Möbel, schnittige Autos, für teure Yoga-oder Wellnesskurse, weil unsere Zufriedenheit davon abhängt ...

Wer nichts von alledem erreichen kann, wird gesellschaftlich zum Außenseiter und fühlt sich vom Leben benachteiligt. Und so braucht es mehr als fünf Jahrsiebte, um allmählich zu akzeptieren, dass sich das Leben nicht unbedingt an unsere individuellen Wünsche und Vorstellungen hält. Vieles ist ganz anders gekommen als gedacht. Elternschaft ist anstrengend;

die Kinder brauchen unsere ganze Aufmerksamkeit, wollen pausenlos beschäftigt werden, sind zu den unpassendsten Zeiten krank, bekommen Allergien, essen den Teller nicht leer; ständig muss man sich zurücknehmen, will zwar alles besser machen und macht trotzdem manches falsch. Erziehungsratgeber stapeln sich, je unsicherer Mütter werden. Der Gedanke wieder berufstätig zu werden, wirft wiederum neue Fragen auf ...

Ambivalenzen fördern den Reifungsprozess

Immer mehr Mütter trauen sich zuzugeben, dass sie die Mutterrolle im Grunde ablehnen, weil sie sich nicht mit ihr identifizieren können, obwohl sie von sich meinen, ihre Kinder zu lieben. Stünden sie noch einmal vor der Wahl, würden sie sich nicht mehr für eine Mutterschaft entscheiden. Nicht alle Ambivalenzen des Lebens sind so eklatant wie dieses Beispiel, aber sie zeigen sich in zahlreichen Lebensentscheidungen. Was man in jüngeren Jahren glaubte zu brauchen, entpuppt sich in späteren Jahren vielleicht als unnötig oder störend. Nicht für jede Frau scheint die Mutterschaft das große Glück zu sein, weil es weder zu ihrer Persönlichkeit noch zu ihrem Lebensentwurf passt, und nicht für alle Männer scheint die Ehe der richtige Weg. Treten solche Ambivalenzen zu Tage, gilt es, sich bewusst mit ihnen auseinanderzusetzen, um den nötigen Reifeschub in Gang zu bringen. Der aktuelle Generationswandel zeigt sich auch daran, dass sich immer mehr junge Frauen nicht allein über die Mutterrolle definieren wollen, sondern ein unabhängiges Leben anstreben. Auch zum Lebenskonzept des Mannes gehört nicht länger zwangsläufig eine eigene Familie im eigenen Haus. Für viele ist es attraktiver, sich beruflichen Herausforderungen zu widmen und Freizeit bestmöglich zu genießen. Drängt die Freundin plötzlich auf Familiengründung, weil ihre biologische Uhr tickt, könnte man ja trotzdem weiter zusammenleben, dann eben zu dritt; doch sie will eine Traumhochzeit. Gut, heiraten wollte man zwar auch irgendwann, aber so früh? Und wenn Hochzeit – dann bitte auch das Eigenheim. Wenn schon, denn schon. Motorrad und Aktien werden verkauft und im Beruf noch mehr rangeklotzt. Zur Entspannung locken Fitnessstudio, ein, zwei Bier nach Feierabend und ab und zu ein Konzert oder Pokerabend mit alten Freunden. Doch die Geselligkeiten werden seltener, weil Überstunden zunehmen und geschätzte 148 Mails gecheckt werden müssen, bevor es nach Hause zu Frau und Kindern geht, auf die man sich eigentlich freut, wenn sie nur nicht so gefrustet wäre und die Kinder nicht so lärmen würden. Abendessen, Kinder ins Bett verfrachten, ein bisschen vorlesen, mit der Frau auf dem Sofa durch TV-Sender zappen, ein Glas Wein oder einen Grappa als Absacker. Für Sex ist man leider zu müde, vielleicht am Samstagabend oder Sonntagmorgen, wenn die Kinder noch schlafen. Mal sehen ...

Die Weichen neu stellen oder den Zug wechseln

Und irgendwann, beim Gläserpolieren oder Rasenmähen, tauchen Zweifel auf: Soll das wirklich schon alles gewesen sein? Etwas in uns rebelliert plötzlich. Nun kommt es darauf an, wie mit diesen inneren Zweifeln umgegangen wird. Passen wir uns weiterhin an, weil wir abhängig sind von dem, was andere denken und wollen, oder weil wir Angst haben vor den Konsequenzen einer neuen Weichenstellung? Da haben uns die Eltern finanziell unterstützt beim Hausbau, und nun wollen wir das Haus verkaufen, weil wir lieber in der Welt herumreisen, statt Kredite abzuzahlen? Jahrelang haben wir uns ins Zeug gelegt, um diesen Posten zu bekommen und nun überlegen wir, ihn aufzugeben und uns selbstständig zu machen? Wie vermitteln wir das der Liebsten, die uns die ganze Zeit den Rücken gestärkt und auf vieles verzichtet hat? Ja, wir wollten unsere Mutterschaft unbedingt, doch die ausschließliche

Familienarbeit ist zermürbend geworden; wir spüren unseren Hunger nach neuen Herausforderungen, Weiterbildung und Wissen. Am liebsten möchten wir eine eigene Wohnung, aber wollen wir uns denn trennen und die Kinder im Stich lassen? Werden Veränderungswünsche vehement abgewehrt, ist die Krise nicht mehr weit. Wer den Umbruch unterdrückt, zahlt früher oder später einen Preis für den Verzicht. So nimmt die Zahl der Trennungen und Scheidungen in diesen Jahren des Umbruchs auffällig zu, weil das die einzige Lösung zu sein scheint und Freiheit verspricht. Nun werden Erfahrungen gesammelt, die man so eigentlich auch nicht machen wollte ...

So mancher Lebenstraum platzt, der womöglich bei genauem Hinsehen von Anfang an auf Sand gebaut war. Das Zerplatzen von Träumen und Vorstellungen ist häufig unvermeidlich, wenn es darauf ankommt, sich der Lebensrealität zu stellen, was wiederum einen notwendigen Reifungsschub in Gang setzt. Es geht nun darum, grundsätzlich zu akzeptieren, dass uns etwas widerfährt, was wir nicht in der Hand haben. Können wir uns also in misslichen und enttäuschenden Situationen selbst regulieren und dem Leben trotzdem seinen Lauf lassen?

Im günstigsten Fall setzt um den 40. Geburtstag, mal früher, mal später, eine Phase der Reflexion über die übernommenen Rollen und die damit verbundenen Funktionen ein: Was im Leben belastet oder überfordert uns? Wo fühlen wir uns eingezwängt? Haben wir bereits gelernt, uns kritisch mit unserem Bild von den eigenen Eltern und anderen Autoritäten auseinanderzusetzen, können wir uns nun Zeit für die eigene Zwischenbilanz nehmen: Wo zieht es mich jetzt hin? Wobei spüre ich freudige Aufbruchsstimmung? Wo zeichnet sich bereits ein Wandel ab?

Es geht nicht darum, sich vorzuwerfen, etwas falsch entschieden zu haben, sondern um eine Nachjustierung. Schließlich können wir erst dann eine Verbesserung vornehmen, wenn etwas zuvor gelebt und gestaltet wurde. So stellen wir möglicherweise fest, wie sehr wir an dem hängen, was wir uns aufgebaut und angeschafft haben. Wie einst unsere Eltern, so können auch wir uns nicht ohne Weiteres von unserem erworbenen Status und materiellem Wohlstand lösen. Unsere innere Einstellung zu den materiellen Dingen, Anhaftung und Identifikation kommen auf den Prüfstand. Damit werden die ersten Weichen neu gestellt und zögerliche Korrekturen vorgenommen: Wer früh arbeiten musste, weil die Schulnoten schlecht waren oder kein Geld für ein Studium da war, wer sein Studium ständig in die Länge zog, weil er sich nicht für das unsichere Leben außerhalb der Uni entscheiden konnte, wird jetzt vielleicht nachdenklich und überlegt, was sich nachholen ließe. Manche haben sehr früh geheiratet, weil sie dem Elternhaus entfliehen wollten, andere blieben im WG-Leben stecken, weil sie die Einsamkeit fürchteten. Um die 40 beginnt eine Phase, in der es viele Menschen drängt, Versäumtes nachzuholen, andere wiederum fühlen sich erst jetzt reif genug, um sich für etwas zu entscheiden, was bis dahin undenkbar war. Einige holen ihren Schulabschluss nach oder bewerben sich um einen Job im Ausland; andere investieren in berufliche Weiterbildungen oder schulen um; etliche Paare leisten sich getrennte Wohnungen oder bauen jetzt erst ein Haus und heiraten. Biografisch sind das alles Schritte neuer, weil bewusster Autonomie.

Auf der Suche nach der eigenen Geschichte

Für frühere Generationen war ein selbstbestimmter Kurswechsel in der Lebensmitte meist aus existenziellen Gründen nicht möglich. Zeitzeugen des Zweiten Weltkriegs berichten, wie sehr sie darunter gelitten haben, erst das ganze Hab und

Gut zu verlieren, um dann als Flüchtlinge oder Vertriebene in der Fremde ein Zuhause zu finden, das keine Heimat war. Nach dem Wiederaufbau waren die Kräfte versiegt, und kaum jemand wagte ohne Not, eine weitere Veränderung vorzunehmen. Man war froh, behalten zu können, was man geschaffen hatte. Sparsamkeit und Pflichterfüllung waren höchste Tugenden. Die innere Bereitschaft war groß, alles zu tun, um neue Verluste zu vermeiden. Diese tiefsitzende Verlust- und Existenzangst, die durch die beiden Kriege ausgelöst und verinnerlicht wurde, wirkt bis in die vierte Generation (Kriegsenkel). Für Menschen, die einmal alles verloren haben, stellt sich die Frage nach einer Lebenskorrektur nicht. Sie haben sich einst mit dem Unabänderlichen abgefunden, gelernt durch- und auszuhalten – und zu schweigen. „Die Zeiten waren so ... Da musste man eben durch ... Es hat uns nicht geschadet ...“

Trauma verhindert Trauer

Es ist wichtig für das Verständnis der eigenen und der Biografie unserer Vorfahren zu verstehen, dass traumatisierte Menschen nicht trauern können, solange die traumatischen Erlebnisse nicht verarbeitet sind. Das abgespaltene Trauma steht einem gesunden Trauerprozess im Wege. Hartmut Radebold (geboren 1935) hat sich nicht nur mit den Spätfolgen der Kriegs- und Nachkriegsgeneration auseinandergesetzt und nach einer geeigneten Psychotherapie für Menschen ab 60 geforscht, sondern sich auch als Vater von zwei Kindern seiner eigenen vaterlosen Kindheit gestellt und einer Selbstanalyse unterzogen. Diese innere Aufarbeitung steht vielen bevor, die sich auf das Alter zu bewegen. Radebold ist der Ansicht, dass Menschen, die heute um die 60 Jahre sind, die nächsten zwanzig Jahre mit mehr Zufriedenheit füllen könnten, wenn sie sich einem lebenslangen Lernen und einer gründlichen Aufarbeitung stellen. Eben hier setzt die biografische Arbeit an, denn die eigene Lebensgeschichte lässt sich nur aufarbeiten, indem die Zusammenhänge der eigenen Lebensgeschichte und die der Vorfahren erkannt, geklärt und bereinigt werden. Andernfalls wird die Vergangenheit – meistens sind es unbewältigte Ängste durch Verlusterfahrung – sich immer wieder störend in die Gegenwart einmischen. Vermeiden wir die Aufarbeitung, wuchern die Traumata der Vorgenerationen wie Krebsgeschwüre in unserem Leben weiter und lassen uns nicht zur Ruhe kommen.

Weibliche Wechseljahre und die Lust am Umgang mit der männlichen Krise

Wenn die alte Ordnung nicht länger stimmt, wollen untaugliche Muster über Bord geworfen und verabschiedet werden. So kündigen sich die Wechseljahre meist schon um das 40. Lebensjahr an, wobei der erste hormonelle Umstellungsprozess bis zur Menopause vier bis fünf Jahre dauern kann und es nach der Menopause nochmal solange braucht, bis der weibliche Körper sein gesamtes Hormonprogramm absolviert hat. Vorwärtsdrängende Energien, die sich in einer Aufbruchsstimmung, vermehrter Reizbarkeit oder Konfliktfreude zeigen können, sind bereits Vorboten der weiblichen Wechseljahre. Stimmungsschwankungen signalisieren, was genau im Leben nicht länger stimmig ist. Die Reizbarkeit weist darauf hin, dass der Reiz an einer Sache verloren ist oder etwas ganz Neues in Angriff genommen werden möchte. Noch glaubt man, es seien die pubertierenden Kinder, der von der Midlife-Crisis geschüttelte Gatte, der grantige Chef, die nörgelnde

Schwiegermutter, die selbstverliebten Freundinnen, die einem das Leben schwer machen ...

Noch zeigt man mit dem Finger auf die anderen, bis man bemerkt, dass ein innerlicher Wandlungsprozess im Gange ist. Wer sich jetzt pflegeleicht gibt, obwohl es innerlich kocht, verpasst seinen fruchtbaren Wandel und bleibt im Schonwaschgang eines vor sich hin dümpelnden Lebens hängen. Wer sich jetzt am Jungseinwollen krampfhaft festhält, den straft das Leben früher oder später mit Langeweile und Verdruss, schlimmstenfalls mit Depressionen. Zugegeben, es ist nicht gerade leicht, mit dem sichtbar werdenden Alter klarzukommen, vor allem wenn mädchenhafte Schönheit und eine ebensolche Figur der Quell für die eigene Attraktivität waren. Deshalb sind es meist auch die „Gefalltöchter“, die es im Klimakterium schwer haben. Sie registrieren nicht nur bei sich, sondern auch bei anderen Frauen jedes noch so winzige Zeichen altersbedingten Verfalls und ackern Tag für Tag unermüdlich an ihrem Äußeren, um ihr Weiblichkeitsideal zu bewirtschaften. Und eines Tages, das Gesicht dicht vor dem Vergrößerungsspiegel, entdecken sie die feinen Härchen auf der Oberlippe und fragen sich entsetzt, ob sie nun endgültig eine alte Hexe werden. Zumindest werfen Freundinnen und Kolleginnen ihnen das immer öfter vor: „Du bist ja nicht mal mehr mit der Kneifzange anzupacken“, „Warum guckst du immer so giftig?“, „Musst ja nicht gleich herumkeifen“ ...

Was einst sinnvoll erschien, macht plötzlich keinen Sinn mehr. Das viel zu große Haus in der feinsten Wohngegend, umgeben von hochnäsigen Nachbarn. Der nagelneue Caravan, der nur in der Garage herumsteht. Der teure Segelschein, nur wegen des attraktiven Segellehrers ... Dabei drücken die finanziellen Schulden, weil man sich unbedingt mit einem kleinen Café verwirklichen wollte. Es belastet die beginnende Demenz der Mutter, die trotzdem nicht in eine betreute Wohngruppe will.

Es fällt schwer, die Trennungen befreundeter Paare zu akzeptieren, weil wir spüren, dass es auch in unserer Ehe nicht zum Besten steht, und ahnen, warum der Gatte plötzlich nichts mehr gegen mehrtägige Dienstreisen hat.

Eigentlich stehen neue Entscheidungen an, vor denen wir uns aber noch drücken.

Vom Sinn der Fragen

Während dieser Lebensphase tauchen nagende Sinnfragen auf, die sich mit einstigen Irrtümern und Enttäuschungen auseinandersetzen. So gibt es wegweisende Irrtümer, die wachrütteln, die zu Innehalten und Umkehr zwingen; und es gibt Enttäuschungen im Leben, die tiefgreifend kränkten. Möglicherweise haben wir wirklich nur das registriert, was nicht funktioniert hat, was nicht gelungen ist. Dann gilt es jetzt herauszufinden, welche Erwartungen und Wünsche tatsächlich unerfüllt geblieben sind. War es der Kinderwunsch? Der Traumberuf? Die allzu idealisierte Vorstellung von unserer Mutterschaft, unserer Liebesbeziehungen? Wo klafften Ideal und Realität auseinander? Die meisten wunden Punkte sind Selbstwertverletzungen, die wir uns haben zufügen lassen und sind Bestandteil jeder Biografie. Wer fester im Lebenssattel sitzt und über ein stabiles Selbstwertgefühl verfügt, ist weniger verletzbar. Ja, es gab Menschen, denen wir vertraut, auf deren bedingungslosen Halt wir gebaut haben, und die uns trotzdem zurückstießen oder fallen ließen. Oft denken wir dabei an uns nahe stehende Menschen wie Partner, Kinder oder enge Freunde. Doch diese Menschen sind nicht die eigentliche Quelle der Verletzungen. Denn diese liegt in unserer Ursprungsfamilie.

Nun also beginnt die Zeit, wo das Erkennen und Verstehen unserer Kränkungsgeschichten allmählich dazu führen wird, dass der alte Schmerz allmählich verschwindet, dass die Wunden verheilen und wir neue Lebensenergie gewinnen. Aber natürlich offenbaren sich die tieferen Zusammenhänge nicht auf Anhieb, und nicht jeder bringt den Mut auf, wirklich hinzuschauen. Zumal immer noch Abenteuer und Verführungen locken, die für kurzfristiges Wohlbefinden sorgen und den Schmerz für eine Weile überdecken. Manche Frauen lassen sich vorübergehend auf eine Affäre ein, fühlen sich wieder begehrt. Männer geben vor, auf Tagungen zu sein, und besuchen heimlich Tantra-Kurse oder lassen sich im Hotel erotisch massieren. Einige Frauen suchen nach kreativen Wegen, um dem schnöden Alltag zu entfliehen und hoffen, das eigene Ich wieder zu entdecken: Sie malen in der Toskana, bildhauern auf schick hergerichteten Höfen, singen Mantras und tanzen um den Lebensbaum. Nicht selten satteln Männer noch einmal beruflich um oder steigen ganz aus. Für manche Menschen ist es bedeutsam, jetzt ihre Religion oder ihre politische Gesinnung zu wechseln. Es gibt Wandlungen von Haltungen und Einstellungen ...

All diese Auf- und Umbrüche weisen auf das hin, was neu belebt oder angeschaut werden will und welche Potenziale oder Talente noch vor sich hin schlummern. In diesen Jahren der Wandlung geht es biografisch um die Erweiterung der eigenen Identität. Bei Frauen geht es nun um den endgültigen Abschied von der körperlichen Fruchtbarkeit, um den geistig-seelischen Aufbruch in neue Gefilde und Lebensaufgaben. Diese herauszufinden ist oft mühsam. Da wir sie aber brauchen, suchen und finden wir sie am liebsten in unserem nahen Umfeld. Das ist auf den ersten Blick bequemer. Beim eigenen Mann zum Beispiel: Da sehen wir auf Anhieb, was nicht stimmt, stoßen ungefragt männliche Seelentüren auf und beginnen, gründlich dahinter aufzuräumen. Natürlich ist seine Mutter schuld! Seine Angst vor Nähe kommt von dieser kaltherzigen Frau. Und sein Perfektionszwang hat mit seinem tyrannischen Vater zu tun. Alles klar. Jetzt besorgen wir uns die passende Ratgeberliteratur und lesen dort schwarz auf weiß, was wir schon ahnten und nun mit Fachwissen untermauern können. Wunderbar. Zur Sicherheit und weil wir ja ganzheitlich orientiert sind, lassen wir uns noch ein Partnerschaftshoroskop erstellen und wählen hilfreiche Bachblüten aus. Unsere weiblichen Hormone kommen jetzt so richtig auf Touren ...

Den Schmerz rächen

Der Wunsch nach Veränderung im Beziehungsgefüge geht zwar häufig von den Frauen aus, doch wer sich zuerst ändern soll, ist der Mann: Wenn er nur fürsorglicher, zärtlicher, verständnisvoller und aufmerksamer wäre, könnten wir uns positiv weiterentwickeln und würden uns nicht so gehemmt und eingeengt fühlen. Viele Frauen haben die Tendenz, sich als Opfer der Umstände zu fühlen. Doch hinter der weiblichen Opferhaltung verbergen sich häufig uneingestandene Rache- und Vergeltungsgedanken. Um den quälenden unterschwelligen Schmerz auszublenden, werden andere auf mehr oder weniger subtile Weise verletzt. Selten bewusst, doch Vergeltungsmaßnahmen gehören leider zu den klassischen Verteidigungsmustern. In der Regel handelt es sich um alte Überlebensstrategien aus unverarbeiteten Lebensereignissen.

Solche Strategien entstanden, weil wir von den Eltern emotional nicht bekamen, was wir gebraucht hätten – wurden dann zu lebensbegleitenden Verhaltensmustern. Erinnern wir uns: Frauen, die durch lebensbedrohliche Umstände oder Missbrauch traumatisiert werden, spalten dieses Opferdasein, dieses angstvolle Ausgeliefertsein ab, um nicht mehr fühlen zu müssen, was sie eigentlich brauchen. Diese Frauen können ihren Kindern aber auch nicht geben, was sie selbst nicht hatten. Und weil denen wiederum genau diese Geborgenheit und verlässliche Liebe fehlte, suchen sie danach bei anderen Menschen – oft bei ihren Kindern und Partnern.

In der Biografiearbeit stellt sich oftmals heraus, dass Frauen wie Männer mit ihrer Kinderseele auf Partnersuche gegangen sind. Vor allem wer sich sehr jung gebunden hat, läuft Gefahr, sich von dem anderen holen zu wollen, was man als Kind vermisst hat. Werden die Erwartungen dann enttäuscht, ist das eine narzisstische Kränkung, und so rutschen Männer wie Frauen unbewusst in die Täterrolle, um den alten Schmerz zu rächen: Zahlreiche Frauen quälen sich und den Mann, den sie glauben zu lieben, mit Vorwürfen und Beschuldigungen, wenn Verlustängste hochkommen. Das führt dazu, dass viele Männer ihrerseits mauern, weil sie sich emotional angegriffen fühlen, oder sie versuchen, die Gefühlslage der Frau mit analytischem Verstand zu sezieren, um Schuldgefühle abzuwehren. Diese Männer gehen auf Abstand, wenn Frauen misstrauisch und eifersüchtig werden, sprich ihre emotionale Freiheit verlieren. Ein häufiger Grund: Haben Männer in ihrer Kindheit die Erfahrung gemacht, keinen Ausweg aus den sorgenvollen mütterlichen Stimmungen zu finden, fühlten sie sich darin wie gefangen. Deshalb geraten sie als Erwachsene unter Druck und sehen sich als Beziehungsopfer, sobald sie Nähe und Bindung wieder als Einengung erleben. Genau diesen Druck empfinden aber auch Männer, die einen Mangel an elterlicher Liebe „kennen“, sobald ihnen jemand Nähe und Bindung anbietet.

Der Mangel an elterlicher Liebe samt dem damit verbundenen Schmerz ist jedoch ein „Erbstück“, das mitunter von Generation zu Generation weitergegeben wurde. Männer wie Frauen geben auch die jeweiligen Vergeltungsmuster so lange weiter, richten also so lange emotionalen Schaden an, bis sie beginnen, den geerbten Mangel und Schmerz aufzuspüren.

Vom heilsamen Schmerz zur gesunden Liebe

In den Jahren des Wechsels kann sich plötzlich die Lust breitmachen, unbedingt mit jemandem abrechnen zu wollen. Was da schwelt, hat mit einem verborgenen Teil unserer Vergangenheit zu tun, der jahrelang dafür sorgte, dass unglückliche Lebens- und Liebesgeschichten sich wiederholten; der Schmerz ballte und staute sich auf. Die entlastende, heilsame Auseinandersetzung mit diesem verborgenen Teil findet jedoch nicht statt. Stattdessen verlagern wir das Kampffeld nach außen: Innere Konfliktherde entzünden sich und werden zu Flächenbränden, sodass wir uns gezwungen fühlen, Kriege in unserem sozialen Umfeld anzuzetteln. Denn all das, was uns dort aufregt und wehtut, spiegelt den inneren Schmerzherd wider. In den emotionalen Beziehungsgeflechten zum Partner, zu unseren Kindern und Eltern, aber auch zu engen Freunden und Kollegen, zeigt er sich besonders deutlich, weshalb wir schwere Geschütze auffahren, um endlich abzurechnen ...

Natürlich sind daran nicht die Hormone schuld, aber die wechseljahrbedingten Schwankungen von Östrogen und Progesteron beeinflussen das Gefühlsleben ähnlich stark wie in der Pubertät. Das Unterste wird nach oben gekehrt; bei vielen wächst die Angriffslust. Frauen sagen wie aus heiterem Himmel Nein, grenzen sich rigide ab, wo sie vorher noch aufs Innigste verschmolzen waren. Jetzt beginnt die Phase des radikalen „Absterbens“ und „Loslassens“ übriggebliebener Irrtümer und Illusionen: Es braucht nun viel Zeit, um mit sich ins Reine zu kommen. Die biografische Aufgabe und Herausforderung, sich immer weniger mit dem Außen zu identifizieren und mehr mit den Innenräumen zu beschäftigen, begleitet nun für einige Jahrsiebte und wird weitere Reifeprüfungen nach sich ziehen.

Biografische Fragen

Das vierte Jahrsiebt (21-28 Jahre)

Welche Rollen habe ich damals übernommen?

Hat mich eine davon besonders belastet oder mir besonders gut gefallen?

Welche Rollen nehme ich heute ein?

Welche Talente habe ich vernachlässigt?

Was hat mich enttäuscht?

Wie gehe ich heute mit Enttäuschungen um?

Habe ich meinen Beruf, mein Studium, meine Ausbildung frei wählen können?

Wer oder was hat mich beeinflusst?

Ist mein Beruf zur Berufung geworden?

Wie habe ich die Wahl meines Partners getroffen?

Wie waren die damaligen Umstände?

Was an ihm/ihr hat mich besonders angezogen?

Wie wähle ich heute die Dinge in meinem Leben aus, die mir wichtig sind?

Das fünfte Jahrsiebt (28-35 Jahre)

Wie habe ich die Welt wahrgenommen?

Was hatte die Welt mir zu bieten?

Was habe ich in Angriff genommen?

Welchen Platz im Leben habe ich eingenommen?

Was war anders, als ich es mir vorgestellt hatte?

Wie bin ich damit umgegangen?

Welchen Platz nehme ich heute ein in der Gesellschaft? Und welchen im persönlichen Umfeld?

Das sechste Jahrsiebt (35-42 Jahre)

Anmerkung

Ab hier gilt für alle Biografischen Fragen: Beantworten Sie die jeweilige Frage als erinnernde oder als aktuelle Reflexionsfrage, je nachdem in welchem Lebensjahrsiebt Sie gerade sind.

Gab/Gibt es eine Aufbruchsstimmung?
Worauf gründet/e sie sich?

An welchem Höhepunkt oder Tiefpunkt stehe/stand ich?

Was hat sich daraus entwickelt?

Welcher Wandel kündigt/e sich an?

Was stimmt/e nicht länger?

Was reizt/e mich? Was will/wollte ich unbedingt in Angriff nehmen?

In den Jahren zwischen 43 und 63

Auf innerer Wanderschaft

Wenn wir biografisch zurückschauen auf die Phase zwischen 14 und 35, stellen wir fest, dass wir damals wegweisende Entscheidungen trafen, mit denen wir erst mal leben mussten, um zu wissen, ob und wo eine Korrektur notwendig ist. Als Teenager hatten wir noch bestimmte Erwartungen an das Leben, die dann aber mit der späteren Lebenswirklichkeit nicht mehr vereinbar waren. Diese Erwartungen und Vorstellungen aufzugeben, bedarf es nicht selten eines jahrelangen zähen Ringens mit sich selbst. Dabei sind es in der Regel die früh erworbenen Lebensmuster und Egostrukturen, die sich der befreienden Veränderung widersetzen. Bewegen wir uns aus der Jugend heraus, suchen wir nach einem idealen Lebenskonzept, bis wir uns früher oder später für den Platz entscheiden, der uns am meisten zu entsprechen scheint – um dann irgendwann erneut aufzubrechen und Lebenskorrekturen vorzunehmen, die wiederum einen neuen Wandel einleiten. Stemmen wir uns in den Jahren nach 30 gegen notwendige Lebenskorrekturen, stagnieren wir und erfinden Ausreden und Rechtfertigungen dafür, dass das Leben nicht gelingen mag. Meist stolpern wir über die viel zu hohen Ansprüche an uns selbst und an die Menschen um uns herum.

Ursachen und Folgen überzogener Ansprüche

Wenn Erwartungen und Forderungen an uns gestellt werden, die wir von unserer Entwicklung her noch gar nicht zu erfüllen imstande sind, setzen sich Versagensängste und Selbstzweifel fest. Ein unerträgliches Gefühl, das häufig mit unermüdlichem Fleiß und Disziplin kompensiert wird. Die Folge ist ein wackeliges Selbstbild, beruhend auf einem brüchigen Selbstwert: Wenn ich mich nur genügend anstrenge, ist alles machbar und möglich. Oder anders ausgedrückt: Wenn anderen etwas nicht gelingt, sind sie zu dumm, zu faul oder zu bequem. Solange diese Ansprüche an sich selbst und andere als richtig erachtet werden, glaubt man, keine Fehler machen und zulassen zu dürfen. Ein schwerwiegender Irrtum ... Beobachten wir Kinder, die einfach ausprobieren dürfen, ohne sofort korrigiert und beurteilt zu werden, lernen sie allein durch ihre freudvolle Wissbegierde und experimentieren munter weiter. Sie wissen noch nicht, was sie falsch machen, wenn sie die großen Bauklötze auf die kleinen stapeln, finden aber schnell heraus, wie sich das mit der Schwerkraft verhält. Werden Kinder hingegen laufend dazu angehalten, bloß nichts falsch zu machen, sich zu konzentrieren und ihren Grips anzustrengen, lernen sie zwar zu funktionieren, werden aber immer selbstunsicherer und verlieren im Laufe des Lebens die natürliche Freude am Lernen (siehe auch Seite 90/91). Das wiederholt sich auf ähnliche Weise in den späteren Lebensphasen: Solange unsere einst hart erkämpften Standpunkte, Wertvorstellungen und Glaubenssätze nicht angegriffen werden, wähnen wir uns in trügerischer Sicherheit. Wir haben ja gelernt zu tun, was uns gesagt wurde ... Doch glücklicherweise schiebt uns das Leben immer wieder zurück auf das Gleis der Weiterentwicklung.

Frühe Sehnsüchte, späte Wegweiser

Indem wir uns mit unseren einstigen Wünschen und Sehnsüchten auseinandersetzen, lernen wir, die Spreu vom Weizen zu trennen. So gibt es im Laufe des Lebens Wünsche und Träume, die uns dazu bringen, uns auf innere Wanderschaft zu begeben. Dann folgen wir unbeirrt und voller Energie einer Idee, obwohl sie anderen wie Spinnerei erscheint. Und es gibt Sehnsüchte, die eher unsere Illusionen nähren. Eine solche häufig hartnäckige Sehnsucht liegt dem Wunsch nach hingebungsvoller Liebe zugrunde. Niemand kann dauerhaft hingebungsvoll lieben. Das ist der Stoff, aus dem bittersüße Dramen, melancholische Liebeslieder und Seifenopern entstehen.

Praxisbeispiel

Teresa ist Mitte 50, als sie mich um biografische Beratung bittet. Denn immer häufiger hat sie das Gefühl, etwas Bestimmtes im Leben verpasst zu haben, obwohl sie materiell in gesicherten Verhältnissen lebt, glücklich verheiratet zu sein scheint und ehrenamtlich in einer Bücherei arbeitet.

„Haben Sie Ihre wichtigsten Lebensziele verwirklichen können?", frage ich. Teresa denkt lange nach und erinnert sich an eine frühere Reise ins Tessin, die sie ohne ihren Mann unternommen hat: „Ich stand auf dem winzigen Balkon eines einsam gelegenen Hotels, über mir ein sternenübersäter Himmel. Auf dem Balkon neben mir hörte ich leises Frauenlachen und Gläserklirren, was mich magisch anzog. Ich schob ein Tischchen vor die geöffnete Balkontür, zündete ein Windlicht an, goss mir ein Glas Rotwein ein, lauschte dem Murmeln im Hintergrund, holte mein Reisetagebuch hervor und begann unverzüglich zu schreiben. Die Worte flossen nur so aus mir heraus. Plötzlich war ich zufrieden und spürte erstmals die sanfte Sehnsucht, an einem Ort wie diesem ein Buch zu schreiben. Ich schrieb fast die ganze Nacht hindurch und hoffte, dass dieser Traum sich eines Tages erfüllen würde. Doch kaum war ich wieder zu Hause, verflüchtigte er sich …" Im Laufe des biografischen

Gesprächs wird deutlich, dass Teresa sich selten Zeit für Muße nimmt, und sie ihrer Lust am Schreiben nur in Tagebüchern und E-Mails nachgeht.

„Gibt es jemanden in Ihrer Herkunftsfamilie oder einen Lehrer, der Sie mal auf eine Begabung aufmerksam gemacht hat? Traurig schüttelt sie den Kopf: „Bei uns zählten nur gute Schulnoten, alles andere galt als Flausen ..."

Teresas Mutter, die aus einer kinderreichen Handwerkerfamilie stammte, hatte schon als Kind zu Hause viel mithelfen müssen. Und Teresas Vater war als Ältester in der Pflicht gewesen, den väterlichen Hof zu übernehmen, obwohl er eigentlich studieren und Ingenieur werden wollte. Als die beiden geheiratet hatten, waren sie zunächst damit beschäftigt, den heruntergewirtschafteten Hof zu vergrößern, um erfolgreiche Milchbauern zu werden. Sie sei das einzige Kind geblieben, erzählt Teresa. Vier Totgeburten habe ihre Mutter danach gehabt ... und so habe sie ihrer Mutter zur Seite gestanden, um ihr über den Kummer hinwegzuhelfen. Für Muße sei keine Zeit gewesen. Zwar habe sie als Kind heimlich mit einer Taschenlampe im Bett gelesen, und in der Schule seien ihre Erlebnisaufsätze stets mit Bestnoten bewertet worden, doch habe sie sich nie getraut, etwas zu tun, was sie selber glücklich machte, solange die Mutter traurig und missgestimmt gewesen sei.

Damit sind wir dem Grund von Teresas Entwicklungsstau auf der Spur: Der Tod der vier Säuglinge war ein unbewältigtes Verlusttrauma der Mutter, die ihrerseits keine Zeit für Trauerarbeit hatte und sich stattdessen auf ihre Tochter stützte. So kehrten sich die Rollen um: Teresa probierte permanent, ihre Mutter aus der Trauer herauszuholen, was zur Folge hatte, dass Teresa ihre Spielfreude und kindlichen Bedürfnisse unterdrückte. Als Schülerin erfreute sie die Mutter mit ihren guten Schulleistungen und half ihr ergeben bei der Hausarbeit, im Stall und im Garten. Daraus entwickelte sich zwar ein enges Verhältnis zur Mutter, doch es verhinderte, dass Teresa sich ihren eigenen Interessen und Sehnsüchten zuwenden konnte. Nach dem Abitur strebte Teresa eine Ausbildung zur Buchhändlerin an, was ihre Mutter aber missbilligte. Trotzdem brachte Teresa den Mut auf, sich in einer anderen Stadt darum zu bewerben, wo sie nach Abschluss ihrer Ausbildung einen Jurastudenten, ihren späteren Mann, kennenlernte. Sie zogen zusammen, und Teresa unterstützte ihn finanziell bis zu seiner Promotion. Nach der Heirat wollte Teresa so früh wie möglich Mutter werden, was ihr aber nicht vergönnt war. Da die Ehe kinderlos blieb, verfolgte sie zunächst den Plan, Literaturwissenschaft zu studieren, aber ihr Mann war der Meinung, er verdiene genug, sie solle sich lieber ein schönes Leben an seiner Seite machen. Als Teresas Mutter kränklich und psychisch instabil wurde, verbrachte Teresa viel Zeit damit, sich um sie zu kümmern. Seit Teresa in die Wechseljahre gekommen ist, leidet sie unter starken Stimmungsschwankungen, Herzrasen und innerer Unruhe.

Durch die Arbeit an ihrer Biografie lernte Teresa, sich von der Vorstellung zu verabschieden, stets und ständig für die Mutter da sein zu müssen. Sie knackte den Glaubenssatz, dass es ihr nicht gut gehen darf, wenn andere traurig sind, und löst sich auf diese Weise allmählich aus ihren bisherigen Gefühls- und Verhaltensmustern heraus. Gemeinsam erforschen wir

Teresas anstehende Lebensaufgaben; sie findet den Zugang zu ihren Talenten … Dieser Entwicklungsprozess erweist sich jedoch als gar nicht so einfach für Teresa; immer wieder wird sie von ihrem schlechten Gewissen heimgesucht, fällt zeitweise in alte Muster zurück. Doch der Wunsch, sich weiterzuentwickeln, ist stärker: Schon bald meldet Teresa sich zu Schreibkursen an, beteiligt sich an Schreibwettbewerben und erobert sich nach und nach nicht nur ihre Begeisterung zurück, sondern arbeitet mit Elan und Disziplin zwei Jahre lang an Krimis, die sie im Selbstverlag veröffentlicht. Und in dem Literaturkreis, dem sie sich anschließt, knüpft sie neue freundschaftliche Beziehungen.

Innere Wahrheiten

In den Jahren zwischen 40 und 50 spüren wir deutlicher als je zuvor, dass es darum geht, sich nach der inneren Wahrheit auszurichten, zu verinnerlichen, was für uns selbst stimmig ist. Wir beginnen, die Wahrhaftigkeit uns selbst gegenüber wahrzunehmen, wenn die Dinge, die wir tun, uns mit Freude und Zufriedenheit erfüllen. Freundschaften werden intensiver gepflegt; Frauen wie Männer vertiefen ihre Freude an der Natur, an Musik, Kunst oder Literatur und entwickeln neues Interesse an Politik, Religion oder Wissenschaft. Die innere Klarheit nimmt zu und lenkt somit auch die Schaffenskraft in neue Bahnen. Man möchte vielleicht noch etwas Ungewöhnliches ausprobieren, sich mit anderen Menschen zusammentun, die zu inspirieren verstehen, und geht auf Distanz zu Nörglern und Miesmachern. Fehlt jedoch die innere Klarheit und Reflexion, kann es passieren, dass man nach Ersatz für unterdrückte Sehnsüchte greift. Wenn wir ständig versuchen, dem Lebensstress und dem inneren Unbehagen zu entfliehen, laufen wir Gefahr, eine Sucht zu entwickeln. Sei es die Sucht, maßlos zu shoppen, bis zur totalen Erschöpfung zu arbeiten oder Marathon zu laufen, dem Glücksspiel zu frönen, sich mit Alkohol zu betäuben oder nächtelang im Internet zu surfen.

Sterblichkeitskrisen ... damit Neues beginnen kann

Was aber fehlt uns wirklich, wenn wir zwanghaft shoppen müssen? Wovor haben wir Angst, wenn wir nur in Internetforen wagen, uns frei zu äußern? Je mehr wir uns auf das gestützt haben, was andere von uns wollten und dachten, desto größer ist die Gefahr, dass wir uns von uns selbst entfernt haben. Zwischen 40 und 50 beginnen die Säulen der aufgebauten Identitäten zu bröckeln. Worauf wir einst gebaut haben, trägt nur noch bedingt. Womit wir uns im Laufe des Lebens identifiziert haben, kommt nun auf den Prüfstand: Was ist noch lebendig und energiespendend? Was ist erstarrt und kräftezehrend? Bricht beispielsweise die berufliche Säule zwischenzeitlich weg, sollten die Säulen der sozialen Bezüge wie Partnerschaft, Freundschaft und Beziehungsnetze stabil genug sein, damit das soziale und emotionale Gefüge nicht in sich zusammenfällt. Und was ist mit der Säule der Leistungsfähigkeit, wenn die Gesundheit schwindet? Erfahrungen wie diese werfen uns auf biografische Fragen zurück: Wer bin ich eigentlich? Worauf beziehe ich mich und wer bezieht sich auf mich? Worüber definiere ich mich?

Fragen wie diese können dazu führen, dass der Wunsch nach einem lustvollen Ausscheren aus allzu normativen Reihen aufkommt. Die Heiterkeit am Dasein zu spüren, angstfrei etwas vermeintlich Verrücktes auszuprobieren, das gelingt jenen, die den Sprung ins Unbekannte wagen, die ohne Netz und doppelten Boden bereit sind, sich dem Neuen anzuvertrauen. Indem wir dem Bekannten etwas Unbekanntes hinzufügen, entdecken wir sie wieder: die Neugier auf das Leben! Dann schauen wir auch nicht länger wehmütig zurück, sondern akzeptieren, dass die Vergangenheit vergangen ist, und Abschiede sein müssen, um das Neue ins Leben hineinzulassen. So bietet das Leben selbst die immerwährende Gelegenheit, dankbar die kleinen Kostbarkeiten des Augenblicks zu erfahren und das Jetzt zu genießen. An unseren Wünschen und Träumen der zurückliegenden Jahre können wir aber auch die drängende Ungeduld in uns ablesen. Bei den einen war es das Streben nach dauerhafter Fitness und immerwährendem Erfolg, bei den anderen das Streben nach ewiger Liebe und einem intakten Familienleben. Doch jede Idee von Vollkommenheit und verbindlicher Kontinuität wird eines Tages zwangsläufig von der Realität eingeholt und scheinbar mit Leiden vergolten. Das Leben kommt eben nicht nur in Samt und Seide daher, sondern schmirgelt uns lebenstauglich zurecht, damit sich Irrtümer und Illusionen auflösen und wir uns mit der Zeit eine realistische Haltung zum Leben aneignen. Insofern geht es in den Jahren ab 45 darum, neue Möglichkeiten wahrzunehmen und sie zu nutzen, um die Welt neu zu verstehen. Andernfalls leiden wir jahrein, jahraus an dem, was nicht abgeschlossen wurde.

Lebensklugheit ist keine Besserwisserei

Der durch Erfahrung geschulte Mensch weiß, dass sich manches im Laufe eines Lebens erfüllen kann, anderes nicht. Wie wir mit dem Unerfüllten umgehen, hängt von unserer inneren Haltung ab. Als Kind wünschten wir uns ein bestimmtes Spielzeug, ein Geschwisterchen oder eine Katze. In der Schule wollten wir die besten Noten oder unbedingt zur Clique gehören, in den Sturmjahren ein Moped oder eine sexy Figur. Zwischen Wollen, Wählen und Besitzen bewegte sich, einem Pendel gleich, das bisherige Leben. Erst nach der Lebensmitte reift eine andere Sehnsucht heran: die Sehnsucht nach Authentizität und Wahrhaftigkeit. Entsprechend setzen wir nun neue Prioritäten. „Was habe ich um der Harmonie willen bisher unterdrückt?“ War ein Urlaub am Meer bislang undenkbar, weil der Gatte die Berge und ein strammes Wanderprogramm liebt, kitzelt die Gattin nun ihren Wunsch wach, allein an die See zu fahren, sich in einer einsamen Fischerkate einzumieten ...

Manchmal geht eine Beziehung daran zugrunde – sie kann aber auch gestärkt daraus hervorgehen. Wer bereits einige Partnerschaften hinter sich hat, wird realistischer in seiner Einschätzung, was eine Beziehung leisten kann und was nicht. Jede Paarbeziehung bringt früher oder später unlösbare Konflikte mit sich, da der Spannungsbogen der Ambivalenzen nicht immer aufzulösen ist. Wie Ebbe und Flut verhalten sich auch die Gezeiten der Liebe zueinander. Das ist gut zu wissen, denn in Ebbe-Zeiten ist es wichtig, weniger statt mehr zu reden. In solchen Zeiten miteinander schweigen zu können ist nicht mit passiver Nachgiebigkeit zu verwechseln. Vielmehr ist es die hohe Kunst, dem anderen seine reifende Identität zu lassen und ihn weder zu bevormunden noch zu bedrängen.

Vom Sinn der Sehnsucht

Eine tiefe Sehnsucht kann uns daran erinnern, was uns in jungen Jahren ausgeredet, ausgetrieben oder schlicht verboten wurde. Vielleicht hatten wir als Kind Lust, Klavier zu spielen, wollten Fußballer werden, uns um ein eigenes Pferd kümmern oder Dompteur werden. Aber wir bekamen nur zu hören, wir hätten kein Talent dazu oder zwei linke Hände, das sei alles nur dummes Zeug oder brotlose Kunst, zu teuer oder zu gefährlich ... Also förderte man, als eigene Kinder kamen, lieber diese, als seine Sehnsüchte wieder zu beatmen. Umso sinnvoller ist es jetzt, der eigentlichen Sehnsuchtsbotschaft nachzuspüren. Der grauhaarige Herr mit seinem nagelneuen

Porsche wird vielleicht belächelt, doch womöglich ist der Flitzer ein Symbol seiner (uneingestandenen) Sehnsucht nach Abenteuern und Grenzerfahrungen, die er als Junge unterdrücken musste. Die gestylte, superschlanke 70-jährige Dame mit der langen Mähne wirkt auf den ersten Blick agil, bis sie sich mühsam aus dem Sessel erhebt und nach ihrem Krückstock greift. Manche finden es peinlich, wenn „die Alten" immer noch auf jung machen wollen, doch dahinter steckt die Sehnsucht, die einstige Attraktivität um keinen Preis zu verlieren. Frauen, die in jungen Jahren ob ihrer Schönheit umschwärmt wurden, haben es im Alter besonders schwer, Abschied davon zu nehmen. Niemand sollte das verurteilen, zumal nicht jeder den Mut oder die Lust hat, nach der tieferen Botschaft seiner Sehnsucht zu forschen.

In den biografischen Beratungen mit Menschen um die 50 kristallisiert sich oftmals heraus, dass das Alter für viele eine „narzisstische" Kränkung darstellt. Haben sie sich bisher über Macht, Ansehen, Erfolg und Attraktivität definiert, bekommen sie im Laufe des Älterwerdens ein echtes Problem. Jetzt wird sichtbar, was bis dahin ausgeblendet wurde und wodurch die unbewussten, abgespaltenen Defizite kompensiert wurden. Die aktuelle biografische Aufgabe, dafür zu sorgen, innere Ruhe und Zufriedenheit zu finden und sich mit seinen persönlichen Begrenzungen zu arrangieren, fällt dabei insbesondere jenen Menschen schwer, die aufgrund ihrer frühen Mangelerfahrung durch zu wenig Liebe und Fürsorge stets mit hohem Energieaufwand versucht haben, genau diesen Mangel auszugleichen. Dann kann das Älterwerden manchmal groteske Formen annehmen. Aber warum nicht einfach lächelnd zuschauen? Immerhin ist es durchaus möglich, dass das, was wir bei den heute 70- und 80-Jährigen beobachten, uns auch bevorsteht: Montags quält man sich mit Aquagymnastik durch lauwarme Wassermassen, bevor man am Dienstag im

Gänsemarsch durch den Park stöckert. Mittwochs trifft man sich bei Ikea zum 1,50-Euro-Frühstück. Am Donnerstag steht man beim Bäcker Schlange für die Seniorentüte und diskutiert an der Wursttheke über den wahren Cholesterinwert von Mettwurst und Kochschinken ...

Manche Paare leben im Alter wie ineinandergestülpte Eierkartons. Wo sie hingeht, trottet er hinterher. Wo er hingehen will, wirft sie ihm kontrollierende Blicke zu. Kein Wunder, dass die sich bisweilen am liebsten gegenseitig auf den Mond schießen würden, doch sie treibt die vertraute Sehnsucht nach Gemeinschaft und Zugehörigkeit – andere Sehnsüchte wie Autonomie und inneres Wachstum werden dafür geopfert. Viele dieser Menschen haben nie gelernt, allein zu sein, haben Angst vor der Ungewissheit, ob sie mit sich allein zurechtkommen. Allerdings ist auch häufig zu beobachten, dass zahlreiche Frauen dieser Generation erst dann wagen, ihr selbstbestimmtes Leben zu leben, wenn der Partner gestorben ist. Viele Männer hingegen ziehen sich zurück und verkümmern – statistisch gesehen ist die Suizidgefahr bei alleinstehenden alten Männern am größten – oder suchen sich eine Frau, die sie entweder bemuttert oder schwärmerisch zu ihnen aufschaut.

Auf rasanter Entwicklungsfahrt zwischen 50 und 60

Um den 50. Geburtstag herum erwacht der Wunsch, zu sich selbst zu finden. Einige entscheiden sich für eine Auszeit auf einer Berghütte, andere für einen Aufenthalt im Kloster oder eine Pilgerreise. Warum? Sehnen wir uns nach Abgeschiedenheit, weil der bisherige Lebensrhythmus zu hektisch geworden ist? Halten wir geliebte Menschen auf Distanz, um uns zu beweisen, wie unabhängig wir von ihrer Liebe sind? Möglicherweise benötigen wir doch mehr Lebendigkeit und Sinnlichkeit, als uns bewusst ist; wünschen uns herumalbernde Enkelkinder, damit wir mit unserer eigenen Verspieltheit in Kontakt kommen;

suchen nach einem Menschen, der körperliche Nähe zu genießen weiß, damit sie sich auch bei uns entwickeln kann; suchen Freunde, mit denen wir die halbe Nacht genussvoll Wein trinken und dabei wunderbar philosophieren können.

Wir haben nun die Möglichkeit, uns mit unseren Erfahrungen auseinanderzusetzen, die Dinge im Licht des Gewesenen auf einer reifen Ebene zu betrachten, Unerledigtes abzuschließen und unnötige Kämpfe zu beenden. Wer sich um diese biografische Aufgabe drückt, der drückt sich vor seinen Gefühlen, die jedoch notwendig sind, um Altes abschließen zu können. Manche meinen deshalb, sie würden jetzt dünnhäutiger und dickfelliger zugleich. Der Grund: Sie können diese Aufgabe nicht annehmen und das Ziel dieser inneren Arbeit nicht erkennen. Wozu denn sich anstrengen? Wem zuhören, wenn einem auch niemand zuhört? Warum etwas geben, wenn nichts zurückkommt? Doch damit folgt man bloß Paul Watzlawicks berühmter „Anleitung zum Unglücklichsein“. Denn bei dieser Haltung dem Leben und den Menschen gegenüber gedeihen Kränkungen bestens – und nicht zuletzt ist man selbst gekränkt, weil einem das Leben nicht gehorcht. Kränkung ist stets ein Resultat aus Gefühlen wie Schmerz, Scham, Angst und Trauer. Sind wir gekränkt, können wir einfach nicht mehr frei fühlen und denken, weil wir in uns selbst verheddert sind, in unseren subjektiven Wahrnehmungen und Sichtweisen, in unserer vermeintlichen Wahrheit, die jeden Irrtum ausschließt. Doch je mehr wir uns in den Ärger der Kränkung verbeißen, desto mehr entfernen wir uns von der Lebenswirklichkeit und nähren unsere Verbohrtheit. Wer bereit ist, sich seinen Ärger – und die permanente Bereitschaft dazu – näher anzusehen, wird entdecken, wo Mitgefühl und Hilfsbereitschaft sich verschlossen haben. Deshalb schubst uns das Leben zwischen 50 und 60 verstärkt an, damit wir an Entwicklungsfahrt aufnehmen. Wir werden vermehrt mit Verlust, Krankheit und Tod konfrontiert, müssen von vielem Abschied nehmen und uns neu ausrichten. Sofern wir uns dem nicht verweigern, wird unsere persönliche Entwicklung beschleunigt wie selten zuvor. Natürlich haben wir niemals Zeit zu verplempern, aber jetzt wird es uns hoffentlich mehr denn je bewusst.

Hierin besteht auch der biografische Sinn dieser Zeitspanne: Gibt es Familiengeheimnisse, die gelüftet werden wollen? Gibt es noch etwas zu erledigen? Gibt es etwas zu vergeben? Womit möchte ich mich aussöhnen? Lasse ich mich noch immer zurückhalten, statt mich aktiv einzubringen? Wem will ich meine Lebenszeit widmen, wie meine verbleibenden Jahre fruchtbar machen?
Verschieben wir also nicht auf morgen, was wir heute ankurbeln können: Heimat finden auf geliebter Haut, auf Fragen verunsicherter Eltern eingehen, spannende Vorträge besuchen, die eigene Biografie zu Ende schreiben, einen Kurs für Religionswissenschaft belegen, ein einsamer Urlaub am Meer, ein Sonnenaufgang in den Bergen ... Denn alles, was uns Freude bereitet, gibt uns die Energie, auch anderen Freude zu bereiten. Lauschen wir also den Worten und Gedanken jener, die uns einen Lebensschritt voraus sind. Vergessen wir nicht, unserem Gegenüber vertrauensvoll in die Augen zu schauen, statt rechthaberisch mit ihm zu diskutieren. Das Miteinander gelingt tatsächlich besser, wenn wir mehr zuhören – sowohl uns als auch dem anderen.

Hören wir zufriedenen Menschen um die 60 zu, stellen wir fest, dass sie sich bewusst um ihre Weiterentwicklung bemühen: Sie widmen sich der Erforschung ihrer noch anstehenden Lebensaufgaben, suchen nach geeigneteren Lebensformen und versöhnen sich mit dem, was nicht gelungen ist. Ein ausgebrannter Lehrer unternimmt die langersehnte Reise nach Vietnam und kommt als begeisterter Fotograf zurück. Ein Manager, der in seiner Kindheit unter rigiden Erziehungsformen gelitten hat, lässt sich vor seinem Ruhestand zum Therapeuten ausbilden und schaut mit Verständnis und Güte auf die überforderten jungen Menschen, die zu ihm kommen. Ein Informatiker eröffnet eine Skischule für Kinder. Es gibt aber auch jene, die sich in aller Gelassenheit von alten Sehnsüchten verabschiedet haben und ihre innere Wanderschaft eher still gestalten: Holz für den Winter stapeln, Tomaten züchten, den Keller aufräumen, am Gartentor mit den Nachbarn plaudern. Sie lachen gern und lauschen dem Abendwind. Sie lieben die Geselligkeit, genießen aber auch die Zeit für sich. Sie geben die Erfahrung weiter, dass Liebe gedeiht, wenn man einander genügend Raum lässt, verharren nicht länger in „Notgemeinschaften“. Nicht selten sind es die genügsam und bescheiden wirkenden Menschen, die eine Lebenskunst an den Tag legen, die für andere wie ein Buch mit sieben Siegeln ist. Denn sie haben erkannt: Momente der Leere und des Alleinseins bereiten den Boden für neue Kreativität.

Liebe und Sexualität stilvoll zusammenbringen

Was Liebe ist und was sie nicht ist, darüber rätselt ein Mensch wohl sein Leben lang. Wie sich Sexualität äußert, weiß er schon eher ... Aber wie bringt man beides stilvoll zusammen? Sicher nicht, indem wir den anderen für unsere Zwecke und Bedürfnisse benutzen, und all unsere Wünsche und Hoffnungen auf ihn projizieren. Manche suchen immer wieder nach neuen Partnern, weil sie es selten lange bei einem einzigen Partner aushalten. Ihnen fehlt die Fähigkeit, sich auf den anderen einzulassen. Umso schneller sind sie zu enttäuschen; einerseits träumen sie von perfektem Sex, andererseits schrecken sie vor Hingabe zurück. Es ist frustrierend, denn alleine bleiben wollen sie ja auch nicht. Und weil sie nicht wissen, was mit ihnen los ist und sich nicht für die Ursache interessieren, beginnt die Partnersuche erneut ...

Wenn es darum geht, den „richtigen“ Partner zu finden, dann können wir davon ausgehen, dass wir auf jeden Fall den Partner anziehen, durch den und mit dem wir etwas Bestimmtes lernen sollen. Oft begreifen wir erst viele Jahre später, was genau es war. Manche Partner entpuppen sich als Entwicklungshelfer, die ganz neue Seiten in uns zu Tage fördern. Andere sind Fluchthelfer, die im passenden Moment auftauchen und uns dabei unterstützen, ein ungastlich gewordenes Land zu verlassen. Wir treffen auf Sanitäter, die unsere Wunden versorgen und hingebungsvoll zu trösten verstehen. Und der charmante Helfer massiert sanft unsere Seele und räumt für uns die Stolpersteine der Liebe beiseite. Er versteht zu trösten und beschenkt mit dem, was seit frühster Kindheit vermisst wurde. Sie alle sind ausgezogen, um uns das Lieben zu lehren.

In der Jugend ließen wir uns noch stark von der äußeren Erscheinung leiten, wussten noch nichts von den Lernaufgaben der Liebe. Wir schwärmten und wurden umschwärmt, wir tummelten uns auf Partys und in Clubs, trafen uns auf Landjugendfeten und Schützenfesten, gingen mit der Clique zum Schwimmen und hielten doch eigentlich ununterbrochen Ausschau. Der Bursche, der gut küssen und zuhören kann, hatte mehr Chancen als der Sprücheklopfer. Die Jungs pfiffen langen Beinen hinterher, verliebten sich in ein hübsches Gesicht, und schielten bei allen Gelegenheiten auf den Busen. Das Gekicher und Geschnatter nahmen sie in Kauf. Hauptsache, sie konnten endlich landen ...

Binden wir uns vor noch vor dem 20. Geburtstag, wird das Ich vom Du verschluckt. Da die eigene Identität noch nicht gefestigt ist, wird im Gegenüber gesucht, was uns fehlt. Der andere wird rasch zur inneren Heimat stilisiert, soll uns dauerhaft Geborgenheit und Sicherheit schenken. In den folgenden zehn, zwanzig Jahren schrumpft die Heimat zum Schrebergarten, die ersehnte Geborgenheit ist eintönig und die vermeintliche Sicherheit zum Gefängnis geworden, das den Zugang zu sexueller Leidenschaft versperrt. Man meint längst zu wissen, was der andere wann denkt und wie er tickt, kennt jedes Muttermal, jede Redewendung auswendig. Noch werden Tisch und Bett miteinander geteilt, nicht mehr jedoch die Gedanken, Wünsche und Hoffnungen. Die Gewöhnung und das allzu Selbstverständliche im Beziehungsalltag lassen das einstige Bild, das man voneinander hatte, allmählich verblassen. Man lässt sich gehen, pflegt sich weniger, und Charakterfehler des anderen werden mit dem Vergrößerungsglas fixiert ...

Aber im Zusammenleben wird letztlich nur sichtbar, was man als Kind kennengelernt hat. Was es im Elternhaus an Defiziten und Verletzungen gab, wird so lange unbewusst wiederholt, bis dieser Zusammenhang endlich verstanden wird. Der Königsweg, um sich frühzeitig aus der selbstgezimmerten Beziehungsdrangsal zu befreien. Denn spätestens wenn partnerschaftliche Grundbedürfnisse wie genügend Schmusen, Küssen, Streicheln, Sex, Geborgenheit, Lob, Bestätigung, Anerkennung und Unterstützung ausreichend abgedeckt sind, tauchen tieferliegende Fragen auf: Was trägt uns als Paar wirklich? Wofür lebe ich? Was ist meine Lebensaufgabe?

Wenn Sexualität krank macht

Früh erlebter Liebesmangel ist Ursache vielerlei Begierden, doch jede erfüllte Begierde erzeugt eine weitere und macht niemals satt ... Bis aus der ständigen Suche womöglich eine Sucht nach Liebe wird und eine reifer werdende Liebes- und Sexkultur verhindert.

Gehen wir gedanklich noch einmal einen Schritt zurück, so erschließt sich ein Zusammenhang zwischen

Trauma und nicht erfüllter Liebe und Sexualität: Traumatisierte Menschen, die unter Stress stehen, praktizieren Sex auf einer missbräuchlichen Ebene; denn sie achten weder auf ihren eigenen Körper noch auf den des anderen, an dem sie sich gerade sexuell befriedigen. Erregtheit und Orgasmus dienen dem kurzfristigen Abbau der eigenen Anspannung, zurück bleiben Empfindungen von Schalheit und Leere. Diese Menschen vermeiden es, danach nah beieinander zu liegen, und sind kaum in der Lage, Zärtlichkeiten auszutauschen, da dieser Austausch Emotionen auslöst, die an ihren tiefsten Wunden – dem frühen Mangel und Verlust an Liebe – rühren. Die Folge dieser Vermeidungstaktik sind frustrierte bis depressive Verstimmungen, die dann wiederum Anlass sind, weitere sexuelle Begegnungen zu suchen. Ein Teufelskreis, der in Sexsucht münden kann. Schwer traumatisierte Menschen trennen Bindungsgefühle und sexuelle Erregtheit strikt voneinander, um sich vor dem früh erlebten – und in der Regel nicht erinnerten – Liebesmangel zu schützen. Unter diesem Überlebensdiktat bedeutet der Sexualakt niemals zwischenmenschliche Verbundenheit auf emotionaler Ebene. Insofern können Traumatisierte zwar durchaus aufregende sexuelle Kontakte herstellen, aber keine befriedigende Liebesbeziehung aufbauen.

Die Fähigkeit zu einer tieferen, ganzheitlichen Liebe und Lust reift zwischen 50 und 70. Denn das sind die Jahre, in denen wir uns intuitiv darum bemühen, in eine wahrhafte Bindung mit uns selbst zu kommen. Eine aufrichtige Bindung an die eigene

Gefühlswelt führt zu einer gesunden Autonomie, wodurch wir immer beziehungsfähiger werden. Menschen, die guten Sex miteinander haben, bleiben sich oftmals sehr lange zugetan.

Nur zu gern lassen wir uns in der Liebe von einem anderen Menschen berühren, denn er berührt uns ja nicht nur körperlich, sondern vor allem unsere Seele. Viele Menschen kennen die Momente tiefsten Einverständnisses und die wunderbare Zeit körperlicher Verschmelzung. Unsere Körper wissen sogar früher als unser Verstand, wie sich Liebe anfühlt, denn alles, was wir je an Zuwendung und Zärtlichkeit erfahren haben, ist seit der Geburt als „Erinnerung" in den Körperzellen abgespeichert. Bedauerlicherweise gilt das aber auch für schmerzliche Erfahrungen wie Trennung, Ablehnung, Misstrauen, Eifersucht, Grobheit und Gewalt durch Mutter und Vater. Werden solche Beziehungserfahrungen früh abgespeichert, bekommen sie den Stempel „normal". Deshalb können Menschen, die in ihrer frühen Kindheit und Jugend sexuelle oder körperliche Gewalt erlebt haben, nur schwer eine erfüllte Sexualität und gelingende Beziehungsmuster gestalten. Die unerfüllten Bedürfnisse und Gefühle werden abgespalten, sodass Liebe zu einer nicht lebbaren Realität wird und schmerzvolle Enttäuschungen vorprogrammiert sind. Das Tragische: Solange diese abgespaltenen Gefühle in der Vergangenheit feststecken, bleibt der Weg zu einer freudvollen Gegenwart und Zukunft blockiert. Erinnern wir uns also an die ersten sexuellen Erlebnisse: Haben wir uns ausreichend Zeit gelassen, um unseren eigenen Körper zu erkunden, bevor wir uns auf den anderen eingelassen haben? Oder haben wir „es" einfach nur getan, weil unsere Freundinnen oder Freunde mit ihren sexuellen Eroberungen geprahlt haben? Haben wir unseren Körper zur Verfügung gestellt, damit wir den anderen an uns binden? Waren wir einverstanden mit dem, was zwischen uns ablief? Haben wir gute, schamfreie Erfahrungen mit unserer sexuellen

Selbstliebe? Sind wir grundsätzlich im Reinen mit unserem Körper? Fühlen wir, wonach ihm gerade ist?

Im Schmelztiegel von Lust und Liebe

Eine Beziehung lässt sich auch ohne innere Bindung führen, ob nun eine Arbeitsbeziehung oder eine Affäre – und man kann sich an jemanden gebunden fühlen, ohne eine gelebte Beziehung mit ihm zu haben, zum Beispiel zu einem Verstorbenen oder der Ex-Frau. Innere Bindungen entstehen zwischen Eltern und Kindern, zwischen Geschwistern, Ehe- und Lebenspartnern – im Missbrauchsfall auch zwischen Opfer und Täter. Wer sich verliebt, hat eine natürliche Sehnsucht, seine sexuelle, seelische und geistige Lust mit dem anderen zu teilen. Doch fast alle Paare stellen im Zusammenleben eines Tages enttäuscht fest, dass einer von beiden das Interesse an der gemeinsamen Sexualität verliert. Nun könnte man meinen, mit den Jahren und vor allem in zunehmendem Alter sei es völlig normal, einander weniger bis gar nicht zu begehren. Sexuelles Verlangen ist jedoch viel stärker von zwischenmenschlichen und emotionalen Konstellationen abhängig als von dem reinen Sexualtrieb. Das wird vor allem in den mittleren und späten Lebensjahren deutlich. Zielen Paare mit ihrer Sexualität in erster Linie auf körperliche Befriedigung ab, gehen sie davon aus, dass sich Begehren auch ganz und gar in körperlicher Aktivität ausdrücken muss und ein Orgasmus lediglich den Punkt höchster Erregung bedeutet. Und natürlich kann man sich gegenseitig auf vielfältige Weise Orgasmen verschaffen, doch wird dabei aufrichtige Intimität und Erotik oft vernachlässigt. Woran aber liegt es, dass wir so lange brauchen, um zu verstehen, was bei der Sexualität und Intimität in Paarbeziehungen wirklich vor sich geht?

Immer wieder wird der Fehler begangen, sexuelle Schwierigkeiten nur unter dem rein medizinischen oder rein psychologischen Blickwinkel zu betrachten, sexuelle Funktionsstörungen und Libidomangel also mit Hilfe von Therapien und Techniken beheben zu wollen. Dadurch aber entsteht Leistungsdruck statt Entspannung – und die Möglichkeit, seine Entwicklungspotenziale innerhalb der Paarbeziehung auszuschöpfen, wird verschenkt. Denn für viele Paare gilt: Je länger sie zusammen sind und je älter sie miteinander werden, desto mehr Chancen bekommen sie, ihre Sexualität als Werkzeug persönlicher Reifung zu nutzen. Doch je länger die Paare miteinander verschmolzen bleiben und es nicht wagen, ihre Wünsche und Vorstellungen, ihre Kritik und Einwände vorzubringen, weil sie Angst vor möglichen Konflikten haben, desto eher kommt es zu „Feuerproben", in denen sie gezwungen werden zu lernen, an eigener Kontur zu gewinnen. In etlichen Partnerschaften entwickeln sich Beziehungskonstellationen, die einem Mutter-Sohn- oder Bruder-Schwester-Verhältnis nahekommen, weil einer von beiden seine sexuellen Wünsche um der Sicherheit willen aufgibt oder unterdrückt. Dann besteht allerdings auch die Gefahr, dass genau dieser Partner die Beziehung aufs Spiel setzt; und zwar nur, um sich darüber klar zu werden, woran man eigentlich festhält.

Um die 60 herum haben wir uns durch die verschiedenen Lebensphasen weiterentwickelt und unsere Willenskraft, Zielstrebigkeit und unser Können auf vielfältige Weise erprobt. Liebe, Treue und Fürsorge sollten wir inzwischen weitestgehend in unser Leben eingebunden haben, sodass wir uns in einer Liebesbeziehung nahe sein können, ohne uns vereinnahmen zu lassen. Dabei kann es jetzt allerdings durchaus vorkommen, dass die unverarbeiteten Themen der Jugend an die Oberfläche drängen und sich wiederholen. Gehen wir sie nun lebensgestärkt an, ist der abschließende Reifeprozess eingeleitet. Das Ergebnis kann ebenso eine neue Partnerschafts- und Lebensform sein wie eine vitale und lustvolle, Körper, Geist und Seele einbeziehende Sexualität und Liebe.

Das Interesse an tantrischer Liebeskunst ist seit der sexuellen Revolution in den Siebzigern Bestandteil unserer Gesellschaft und weist darauf hin, worauf es in der sexuellen Liebesbegegnung wirklich ankommt: So fördert „tantrisches Bonding“ (Verschmelzen), das manche Paare instinktiv anwenden, indem sie eng umschlungen in- oder aufeinanderliegen, die gesunde Verbindung zu sich selbst wie zu dem anderen und sorgt für Harmonie von Körper, Geist und Seele. Es ist gar nicht nötig, erregt zu sein, denn nicht die sexuelle Lust steht dabei im Vordergrund, sondern das bewusste Wahrnehmen seiner eigenen Emotionen und körperlichen Empfindungen, die dabei entstehen.

Literaturtipp: *Diana Richardson, „Slow Sex – Zeit finden für die Liebe“, Integral 2011 / DVD: „Slow Sex – Wie Sex glücklich macht“, Innenwelt 2012*

Was Menschen in ihrer jugendlichen Sturm- und Drangzeit sexuell gereizt und befriedigt hat, bekommt in der gereiften Lebensphase einen anderen Stellenwert. Wurde die sexuelle Lust in jungen Jahren allerdings unterdrückt, kann es jetzt wichtig sein, nachzuholen und auszuleben, was versäumt wurde. Möglicherweise liegt eine langjährige unerfüllte und entwicklungshemmende Ehe oder Partnerschaft hinter einem, weshalb nun eine unkomplizierte Form des Miteinanders angestrebt wird. Heiße Flirts und zwanglose erotische Treffen stehen dann hoch im Kurs. Doch einen Sexualpartner zu finden, mit dem sich das sexuelle Potenzial voll ausschöpfen lässt, ist keine Selbstverständlichkeit, sondern ein kostbares Geschenk.

Sexuelle Reifeprüfung

Sexualität als Ausdruck vitaler Energie zeigt sich im Älterwerden daran, dass die Freude an intimen Zärtlichkeiten und gelöster Hingabe zunimmt und die Fixierung auf den Orgasmus nicht mehr im Vordergrund steht. Paare erleben jetzt mitunter tiefe Glücksgefühle, wenn sie beim Küssen und während des Orgasmus einander in die Augen schauen. Diese Form der Intimität erfolgt nicht aus unersättlicher Gier, sondern aus innerer Fülle heraus. Dabei mag es sogar vorkommen, dass Tränen des tiefen Glücks fließen. Viele Paare über 50 bestätigen, dass sich frühere sexuelle Hemmungen oft erst jetzt aufgelöst haben, weil sie an ihren Krisen gereift sind und neuen Mut entwickelt haben, sich in ihrer natürlichen Lust zu zeigen. Wer sich aber ständig unterwirft und unterordnet, weil er aufkommende Unstimmigkeiten vermeiden will, kann keine aufgeschlossene Beziehung und erfüllende Sexualität erleben. Und nach und nach wird die einstige Liebe daran kranken, gebrechlicher werden und dahinsiechen. Denn in jeder Liebesbeziehung gilt es zu lernen, sich einander in seiner Unterschiedlichkeit zuzumuten und den entstehenden emotionalen Druck auszuhalten. Was dann im Inneren auftaucht, dient der Entwicklung des Selbst.

Sich mit seinen echten Gefühlen zu zeigen ist daher die Hauptaufgabe jeder tragfähigen Zweierbeziehung. Paare, die sich auf diesen Prozess der Wandlung einlassen, werden daran nicht verzweifeln, sondern daran wachsen. Es ist nur natürlich, dass die Liebe immer wieder auf die Probe gestellt wird, zumal jeder von uns den Grad der elterlichen Beziehungsfähigkeit „geerbt" hat und darauf gestoßen wird, sobald es kriselt. Gehen wir deshalb noch einmal zu unseren Eltern zurück, die uns ein bestimmtes Bild von Partnerschaft vermittelt haben: In der Biografiearbeit stellt sich oftmals heraus, dass die eigenen Eltern wegen ihrer ständigen Unstimmigkeiten, Zerwürfnisse, aufgrund von Zank und Zweifel Mühe hatten, ihre eigenen Emotionen zu regulieren. Darum bürdeten sie uns entweder zu viel Nähe oder zu viel Distanz auf. Von ihnen haben wir gelernt, in Beziehungen reflexartig zu reagieren, was in der Regel zu weiteren Verwicklungen und Unstimmigkeiten führt. Gehen wir nach dieser Beziehungsschule auf Partnersuche, scheint der „Nähesuchende“ auf den ersten Blick ein Problem mit dem distanzierten Partner zu haben und umgekehrt. Doch der auf Distanz bedachte Mensch kann nur innerhalb einer Beziehung, in der er mit gelebter Nähe konfrontiert wird, etwas über sein Bindungsverhalten erfahren und umgekehrt. Die Feuerprobe besteht nun darin, die richtige Balance zwischen Nähe und Autonomie zu finden, indem man sich dem anderen konsequent zumutet, um den Veränderungs- und Entwicklungsprozess am Laufen zu halten. Nach dem Motto: Sich im Sein zumuten statt diskutieren.

Das Pingpong-Spiel

Aufgrund ihres emotionalen Energiehaushalts distanzieren sich Männer oft zu einem bestimmten Zeitpunkt in der Beziehung, für die Frau meist völlig unerwartet. Kennt eine Frau diese emotionale Unerreichbarkeit des geliebten Menschen aus ihrer Kindheit, ist der plötzliche Rückzug des Mannes fast unerträglich. Rückblickend stellen viele dieser Frauen fest, dass sie meist schon zu Beginn der Beziehung mehr investierten als zurückkam und dabei versäumten, zusätzliche Energiesäulen aufzubauen, ihre Lebensfreude auch anderswo gedeihen zu lassen. So wurde der Mann, später auch die gemeinsamen Kinder, zum Lebensmittelpunkt. Frauen unterliegen immer wieder dem Irrglauben, dass sie den Mann umso stärker an sich binden, je mehr Zeit, Nähe, Vertrautheit, Zärtlichkeit und Zweisamkeit sie ihm schenken und überdecken ihn regelrecht mit ihrer Zuwendung. Nimmt der Mann sich dann die Freiheit, die Decke ein wenig zurückzuschieben, um Luft zu holen, wird er mit Verlustängsten, Misstrauen oder tiefen Zweifeln der Frau konfrontiert. Meist weiß diese nicht, wie wichtig es für ihren eigenen Reifeprozess wäre, sich selbst mit all diesen Störgefühlen auszuhalten. Deshalb entwickelt sie auch nicht das Vertrauen, dass der Mann von ganz allein wieder auf sie zukommen wird, wenn sie ihn innerlich mehr losließe, statt permanent um seine Zuneigung zu kämpfen.

Und der Mann? Er steckt häufig in einem widersprüchlichen Verhaltensmuster fest: Zwar geht er emotional auf Abstand, weil er seinen Freiraum braucht, doch erwartet er gleichzeitig, dass die Frau ihm trotzdem treu und ergeben bleibt. Also gibt er ihr wieder ein Mindestmaß an Zuneigung und Aufmerksamkeit, damit sie weiterhin für seine Bedürfnisse zur Verfügung steht. Es gibt Männer, die benötigen tatsächlich Jahrzehnte, bis sie aus diesem ambivalenten und absurden Beziehungsmodus aussteigen. Besonders häufig treten die Nähe-Distanz-Spielchen auf, wenn dem weiblichen Bindungswunsch so früh Rechnung getragen wird, dass der männliche Bindungsrhythmus aus dem Takt gerät. Bei diesem Pingpong-Gerangel verlieren auf Dauer beide, wenn sie die tieferliegende Schwierigkeit nicht rechtzeitig erkennen. Wer sich zum Bespiel schnell vereinnahmt und eingeengt fühlt, ist noch immer einem Teil seiner Vergangenheit verhaftet. Denn diese Gefühle stammen aus der Unfreiheit eines Kindes, das abhängig war von dem, was andere von ihm verlangten und einforderten. Männer wie Frauen wiederholen dann gedankenlos, was sie seit ihrer Kindheit kennen, und flüchten vor Gemütsbewegungen, die an die emotionale Übermacht oder Unberechenbarkeit der Mutter erinnern.

Freilassen lohnt sich

Frauen, die sich an so einen „heißkalten“ Mann gebunden fühlen, müssen oft viele Krisen überwinden, bis sie die nervenaufreibende Gefühlsachterbahn verlassen. Auf diese Weise lernen sie jedoch allmählich, ihre emotionale Freiheit selbst unter widrigsten Umständen zu bewahren. Oft haben diese Frauen ambivalente Mütter oder Väter gehabt, bei denen sie sich emotional nie sicher sein konnten. Sie haben sich also darauf eingestellt, für das Wenige abrufbereit zur Verfügung zu stehen. Die biografische Aufgabe dieser Frauen: eine gesunde emotionale Stabilität wiederzuerlangen, um dem Mann auf reife Weise dessen zwiespältigen Gefühlsmodus zu spiegeln. Den anderen klug zu spiegeln darf aber nicht verwechselt werden mit den üblichen Egospielen („Jetzt drehe ich den Spieß mal um"). Reifes Spiegeln hingegen ist der Motor für partnerschaftliche Differenzierungsprozesse. Dafür aber ist es unumgänglich, von den eigenen Emotionen eine Weile Abstand zu nehmen und mit urteilen aufzuhören; denn nur so gelingt es, überhaupt wahrzunehmen, in welchem inneren Modus der andere sich gerade befindet. Folglich sollten Frauen, die sich zu einem gefühlskontrollierten Mann hingezogen fühlen, mit heiterer Gelassenheit immer wieder die eigenen Quellen der Freude aufsuchen. Dann entwaffnen sie den Mann durch Freundlichkeit und Souveränität, statt seine Abwehr mit Vorwürfen und Traurigkeit zu provozieren. So kann der Mann seinen zur Gewohnheit gewordenen Fluchtimpuls und seine emotionale Vorsicht aufgeben. Und das Band zwischen Mann und Frau wird stärker spürbar als je zuvor. Sie begegnen sich mit Liebe und Respekt, lassen die eigenen Glücks- und Energiequellen aber niemals versiegen. Beide sind sich darüber im Klaren, dass eine Trennung zwar sehr wehtun, ihnen aber nicht den Boden unter den Füßen wegziehen würde.

Den Wandel freudvoll leben

Zwischen 50 und 60 betrachten die meisten Menschen das Leben weniger emotional. Nur noch selten kommt das Wort Liebe im Zusammenhang mit Partnerschaft über die Lippen.

Wir gestehen uns ein: Was wir in jungen Jahren für Liebe hielten, war meist eine romantisierte Verschmelzung oder Verstrickung. Damals waren wir nicht in der Lage, Zusammenhänge zu unseren kindlichen Abhängigkeitsmustern herzustellen und zu erkennen, dass es unser eigener innerer Mangel war, der diese Gefühle hervorrief. Deshalb erfror auch die Sexualität nach und nach. Für uns das eindeutige Signal, dass die Ehe/Partnerschaft am Ende war. Unzählige Beziehungsratgeber schlagen noch immer unermüdlich vor, darauf zu achten, regelmäßig romantische Abende zu zweit zu verbringen, raus aus der Jogginghose und rein in verspielte Dessous, Wochenendtrips ohne die Kinder zu unternehmen, dem anderen mehr Komplimente zu machen, achtsam zu bleiben und sinnvolle Gespräche zu führen, statt vor dem Fernseher zu versauern. Manchmal helfen diese Ratschläge, meistens aber nicht. Denn in der Regel werden diese Maßnahmen nur halbherzig und dem Partner zuliebe durchgeführt, während die Ursache der Krise im Dunkeln bleibt.

Bevor also eine Beziehung vorschnell für gescheitert erklärt und überstürzt eine neue eingegangen wird, ist es sinnvoll, erst mal genügend Abstand zu gewinnen, um die Situation möglichst realistisch einzuschätzen und sich so lange mit Wissen über die ganz normalen menschlichen Muster des Wandels auszustatten. In jeder engen Beziehung gibt es im Laufe des Miteinanders verschiedene Phasen, in denen die physische, emotionale und intellektuelle Nähe mal stärker, mal weniger stark ist. Manchmal nimmt die körperliche Nähe vorübergehend ab, dafür wächst die geistige; ein anderes Mal brauchen wir eher eine innige Umarmung statt erklärende Worte. Wenn es uns also gelingt, feinfühlig und aufmerksam zu bleiben, können wir immer wieder von Neuem in den Genuss des leidenschaftlichen Zaubers kommen. Und kühlt die Leidenschaft mal ab, sollten wir uns – statt in Angst oder Ärger zu versinken – für neue Formen der Intimität öffnen, zumal diese gleichwertig, manchmal sogar befriedigender sein können.

Ein bewährtes Hausmittel

Was bei der ersten Begegnung so anziehend war, die ersten Schmetterlinge der Verliebtheit, die ersten Küsse und Berührungen, die ersten zärtlichen Worte ... All das wird im Nachhinein oft abgewertet und einem hormonellen Rauschzustand zugeschrieben, der das Hirn vorübergehend vernebelte. Dabei wird allerdings übersehen, dass Verliebtheit ein besonderes Geheimnis birgt: In den ersten entscheidenden Tagen, Wochen und Monaten laufen wir nämlich zur Bestform auf, wodurch das Kostbarste in uns und im anderen zu Tage gefördert wird. Ohne Angst und Vorbehalt lassen wir uns mit Haut und Haaren, mit Leib und Seele auf den anderen ein und sind in der Lage, das Fremde und Unbekannte unvoreingenommen zu respektieren. Deshalb sollten wir immer mal wieder das innere Bild des verliebten Paares, das seine emotionalen Spuren hinterlassen hat, entstauben und uns darüber austauschen: Was haben wir damals am anderen geschätzt? Was schätzen wir heute immer noch aneinander?

Sollten Paare nach der Verliebtheitsphase ihr Beziehungsmuster ungünstig ausgelebt haben, können sie trotzdem glücklich miteinander werden, vorausgesetzt, sie lassen sich auf den Wandel ein. Vielleicht motiviert ja die Aussicht, dass man mit 50 die beste sexuelle Zeit erst noch vor sich hat, weil guter Sex persönlicher Reife bedarf. Deshalb lohnt es sich in den Jahren zwischen 50 und 60, sich selbst, aber auch gemeinsam Fragen nach dem tieferen Sinn der Beziehung zu stellen: Warum sind wir überhaupt zusammen? Und wie soll unsere Beziehung in Zukunft sein? Denn eins ist sicher: Früher oder später kommt jede Beziehung an den Punkt, wo sich einer von beiden aus emotionalen Zwickmühlen befreien will und sich neu organisiert.

Interessanterweise zeigt sich in der biografischen Paarberatung, dass viele Paare eine sehr hohe Schmerz-, aber nur eine niedrige Veränderungstoleranz mitbringen. Die Folge der inneren Abwehr gegen den notwendigen Wandlungsprozess ist ein sinnloser Schmerz. Der heilsame Schmerz hingegen ist ein Wachstumsschmerz: Wir erkennen unsere destruktiven Vermeidungsmuster, die unserem inneren Fortschritt im Weg standen, und beginnen zu fühlen, was wir brauchen und was wir nicht brauchen. Um sich bewusst für eine trag- und zukunftsfähige Beziehung zu entscheiden, die sich verändern darf, sind Mut und Vertrauen nötig. Den größten Vertrauensbeweis erbringen wir deshalb uns selbst gegenüber: Trauen wir uns zu, die ganze Fülle – mit allem Guten und vermeintlich Schlechtem – auszuhalten? Dazu müssen wir bereit sein, falsche Denk- und Gewohnheitsmuster zu hinterfragen und sie nach und nach umzuwandeln.

Die Umwandlung schlechter Gewohnheiten

Nach 60 Jahren stellen viele Menschen erleichtert fest, dass sie die eine und andere Krise erfolgreich gemeistert haben und welche persönlichen Kräfte daraus erwachsen sind. Manches aber will noch einmal angeschaut werden, damit es endgültig abgeschlossen werden kann. Wo das nicht passiert, eröffnen sich später bedeutend weniger Möglichkeiten, Sinnzusammenhänge zu erkennen. In diesen Jahren geht es daher noch einmal verstärkt um die Frage, ob wir unsere wichtigsten Lebensziele verwirklichen konnten und was noch aussteht. Lebe ich die mir entsprechende Lebensform? Wie ist das Verhältnis zu den Kindern, Enkeln, Schwiegerkindern und wie stehen diese zu uns? Welche Vorstellungen, Ideen und Pläne sind da, wenn die Berufstätigkeit ausläuft? Dazu müssen wir uns klar werden, wer wir eigentlich sind oder noch besser wer oder was wir *nicht mehr* sind. Wer und was inspiriert und begeistert uns heute? Was hemmt und behindert uns? Oftmals sind es gar nicht die Menschen im nahen Umfeld oder die nicht optimalen Rahmenbedingungen, die uns blockieren, sondern unsere eingefleischten Gewohnheiten, Überzeugungen und Haltungen. Sie sind es, die uns daran hindern, ein zufriedenes Leben zu führen. Wir können sie nicht einfach amputieren, aber wir können Neues dazulernen und dem Alten nicht mehr so viel Raum geben. Die Frage lautet: Bin ich mit meiner derzeitigen Lebensernte zufrieden? Was kann ich an Neuem säen, wenn mir nicht gefällt, was ich auf meinem Feld vorfinde?

Wer jetzt Mühe hat, seine allmählich nachlassenden körperlichen Kräfte in geistige Schaffenskraft umzuwandeln, wird allerdings keine neuen Lebensperspektiven wahrnehmen können. Wo geistig vorwärtsdrängende Energien unterdrückt werden, besteht die Gefahr, in eine Altersdepression zu rutschen oder einen Rückzug in Krankheiten anzutreten. Manche beginnen bereits mit 40 zu glauben, in diesem Alter lohne es sich nicht mehr ... und öffnen damit das Tor zur Resignation. Den Zugang zur geistigen Spannkraft hingegen findet, wer seine bisherigen Erfahrungen als Reichtum fühlt. Immerhin hat jede Erfahrung dazu beigetragen, dass wir uns weiterentwickelt haben. Dafür dürfen wir dankbar sein. Und jetzt öffnet sich eben wieder ein Zeitfenster für einen psychischen Hausputz: Selbstbilder, Glaubenssätze, Gedankenmuster gilt es gründlicher als je zuvor zu überprüfen. Die Jahre ab 60 heißen deshalb auch Bekenntnisjahre: Ich bekenne mich zu mir und zu dem, was noch verborgen in mir ruht. Und damit machen wir uns dann auf den Weg zu weiteren Gestaltungsmöglichkeiten.

„60 ist eine ganz besondere Zahl"

Karl Ludwig Leiter ist einer der Menschen um 60, denen man gerne lauscht, wenn er mit sympathischem Schalk in den Augen über seinen Werdegang spricht. Er gehört zu den Pionieren der spirituellen Szene in Deutschland. In den frühen Siebzigern war er Hippie, Verleger und Künstler. Heute ist er Inhaber eines Büros für Grafikdesign und Produktionsentwickler. Nach jahrelanger Praxis der Zen-Meditation wurde er Schüler des tibetischen Meditationsmeisters Chögyam Trungpa Rinpoche. Als einer von sehr wenigen Europäern wurde Leiter Mitte der 1980er-Jahre in den USA von diesem als Meditationslehrer autorisiert. Seither lehrt Karl Ludwig Leiter in ganz Europa klassischen Buddhismus und Meditation im Alltag. Für „Mut zum Lebenswandel" schenkte er mir folgende Gedanken:

„60, das ist eine ganz besondere Zahl. Zumindest im asiatischen Kulturkreis. Jeder Zyklus im chinesischen Tierkreiskalender wiederholt sich alle 12 Jahre. Und da jedes Geburtszeichen einem der klassischen fünf Elemente zugeordnet wird, ist das 60. Lebensjahr für Buddhisten, Taoisten und Konfuzianer ein ganz besonderes Jahr. Eines, an dem das ganze bisherige Leben zur Reife kommt und man die Früchte seiner Handlungen erntet. Aber es ist auch der Beginn von etwas Neuem. Es ist – wie gesagt – die erste (und vermutlich einzige) Wiederholung von 5 x 12 unterschiedlichen astrologischen Konstellationen. Deshalb feiern die Menschen dieses Kulturkreises ihren 60. Geburtstag mit besonderer Aufmerksamkeit auf Vergangenheit und Zukunft gleichermaßen. Als der König von Thailand 60 wurde, hat das ganze Land ein ganzes Jahr lang mit ihm gefeiert und sich darüber gefreut, dass ihr geliebter König den ersten Lebenszyklus so erfolgreich gemeistert hat. Die Sechzigerjahre sind also beides: Ernte und Beginn einer neuen Zeit!"

Bekenntnisjahre vor dem Ruhestand

Welches Bild wir von betagten Menschen haben, hängt nicht nur mit Grimms Märchen und mythischen Sagen zusammen, die wir als Kinder vorgelesen bekamen. Es ist auch nicht nur abhängig von Werbespots und Presseberichten, die ein vitales Bild der „Best Ager" zeichnen, oder von Apotheken- und TV-Zeitschriften, die vor allem die problematischen Aspekte des Alters im Blick haben und deshalb Mittel gegen Schlaflosigkeit, nachlassende Gedächtnisleistung oder Blasenschwäche empfehlen. Vielmehr ist es das Bild, das wir uns von älteren Menschen gemacht haben, die uns im Laufe unseres Lebens begegnet sind, und das jeder in sich trägt, geprägt von Erfahrungen mit Eltern, Großeltern und Urgroßeltern. Doch scheint uns gar nicht klar zu sein, wie stark diese Eindrücke das eigene Erleben des Älterseins beeinflussen. So gibt es wohl in jeder Familie Botschaften, die unausgesprochen weitergegeben werden: Verwitwete Frauen gehen keine neue Partnerschaft ein, haben keine sexuellen Bedürfnisse, pflegen die eigenen Eltern und kümmern sich um die Enkel. Männer arbeiten oder trinken sich krank, gehen nicht zum Arzt und sterben kurz nach der Verrentung. Deshalb sollten wir herauszufinden versuchen, welche verdeckten Informationen die „Vor-Bilder" unserer eigenen Familie uns vermitteln, wobei auch die Schwiegereltern eine Rolle spielen können. Darauf aufbauend widmen wir uns schließlich der Frage: Wie möchte *ich* meine Partnerschaft, meine sozialen Kontakte und meinen weiteren Lebensverlauf gestalten? Die anstehenden Entwicklungsaufgaben innerhalb der eigenen Biografie zu kennen, trägt entscheidend dazu bei, die Chancen zu ergreifen, die auf ein zufriedenes Leben im Alter zuführen.

Wer es zwischen 50 und 60 versäumt, seinen Entwicklungsaufgaben auf die Spur zu kommen, wird in etwa zehn Jahren vermehrt vor Schwierigkeiten und Konflikten stehen, die nicht selten in eine Lebenskrise münden. Manch persönlicher Knoten lässt sich zwar auch dann noch mit Hilfe einer biografischen Beratung oder Psychotherapie befriedigend auflösen, doch einige dringende Entwicklungsaufgaben bleiben zwangsläufig auf der Strecke. Seelische Beschwerden und auffällige Verhaltensweisen Über-60-Jähriger sind daher als Hinweis zu verstehen, dass ungelöste oder unlösbar erscheinende Entwicklungsaufgaben einen Entwicklungsstillstand verursachen.

Loslassen, bevor das Leben stillsteht

Für erwachsene Kinder ist es oft unerträglich, miterleben zu müssen, dass ihre betagten Eltern sich ihren Entwicklungsaufgaben offenbar nicht gestellt haben. Die alten Eltern verkrampfen in dem Bemühen, niemandem zur Last zu fallen, und klammern sich gleichzeitig an, indem sie in eine stumme Vorwurfshaltung verfallen oder sich extrem hilfsbedürftig zeigen, während die erwachsenen Kinder es nicht aushalten, ihren Eltern die Verantwortung für das eigene Wohlergehen zu überlassen. Aber je mehr die erwachsenen Kinder den Eltern diese Verantwortung abnehmen und für sie da sind – so wie sie es meist schon in der Kindheit waren –, desto mehr entmündigen sie die Eltern. Ein unglücklicher Kreislauf, denn für die Eltern wie die erwachsenen Kinder wird es damit immer aussichtsloser, die eingeschliffenen Muster durch neue Erfahrungen zu ersetzen.

Kommt ein Elternteil ins Alten- oder Pflegeheim, stellen die erwachsenen Kinder, die mittlerweile selber 50 oder 60 sind, erschüttert fest, wie schnell der Verfall fortschreitet, wenn die alten Menschen keine sinnvolle Aufgabe mehr haben. Nehmen die erwachsenen Kinder jetzt nicht Abschied von dem inneren Bild der Eltern ihrer Kindheit, wird der Loslösungsprozess von der dementen Mutter oder dem an Parkinson leidenden Vater quälend, was wiederum zu belastenden Schuldgefühlen führt. Manche hoffen bis zum Schluss, die Eltern mögen doch noch erkennen, wie sehr man sie liebt und wie sehr man von ihnen zurückgeliebt werden möchte. Hier zeigt sich das Grundthema des kindlichen Liebesmangels erneut. Diese späte Ablösung gelingt deshalb, wenn überhaupt, nur mit Respekt und Achtung vor dem Lebensweg der betagten Eltern.

Biografische Fragen

Das siebte Jahrsiebt (42-49 Jahre)

Was lasse/ließ ich „absterben", was lasse/ließ ich los? Was lohnt/e sich nicht mehr?

Welche Irrtümer waren wegweisend? Entdecke ich einen Sinn dahinter?

Was habe ich daraus gelernt? Was muss ich noch lernen?

Was lohnt sich, neu zu beleben?

Was bleibt mir, wenn aller Besitz weg ist? Was macht mich dann aus?

Was bedeutet/e mir Status und materieller Wohlstand?

Was genau gehört/e für mich zu einem guten Leben?

Das achte Jahrsiebt (49-56 Jahre)

Mit welchen liebgewordenen Gewohnheiten ist/war mein Leben ausgestattet?

Wie nutze/nutzte ich meine Möglichkeiten?

Was sollte noch einmal neu angeschaut werden?
Was sollte beendet oder abgeschlossen werden?

Welche Krisen habe ich gemeistert?
Welche Kräfte sind mir daraus erwachsen?

Erschließen sich mir die Sinnzusammenhänge meines Lebens?

Wie bereite ich mich auf mein Leben im Alter vor? Was kann ich mir vorstellen? Was (noch) nicht?

Das neunte Jahrsiebt (56-63 Jahre)

Konnte ich meine wichtigsten Lebensziele verwirklichen?

Was steht noch aus?

Wie sieht es mit meiner geistigen Schaffenskraft aus?

Was bedeutet Muße für mich?

Was bin ich bereit, der „Welt" (Gesellschaft) zu geben?

Mit welchen Fragen kommen die Menschen auf mich zu?

Welche Talente habe ich in meinen jungen Jahren ausgebaut? Welche nicht? Welche wären jetzt umsetzbar?

Gibt es neue Begeisterungsquellen?

Wie sieht meine aktuelle Lebensbilanz aus? Welche Menschen inspirieren, fördern mich? Welche beschränken mich?

In den Jahren zwischen 64 und 84

Sturm und Drang vor dem Ruhestand

Bevor das Arbeitsleben endet, sollten wir schon wissen, wie und womit wir unser Leben fruchtbar machen wollen, und welche Ziele und Pläne sich am Horizont abzeichnen. Die zahlreichen Möglichkeiten, die zur Verfügung stehen, machen eine Entscheidung manchmal schwer. „Passt das denn wirklich zu mir?“ Da hilft nur eins: Ausprobieren! Wie damals in den Sturm- und Drangjahren der Jugend gilt es, sich über innere Ängste und Vorbehalte hinwegzusetzen und der aufsteigenden Wissbegierde freien Lauf zu lassen. Wer jetzt über eine ausreichende Neugier auf das Leben verfügt, ist auch bereit, zu neuen Ufern aufzubrechen. Lust auf Gitarre spielen, malen, wandern, fotografieren, Kinderbetreuung oder ein Seniorenstudium? Dann los ... Denn in diesem Lebensabschnitt dürfen wir uns unsere Begeisterung weder von Miesepetern noch von Selbstzweifeln abwürgen lassen. Das wäre wieder so eine biografische Falle wie in der Pubertät, als Eltern oder Lehrer einem die Aufbruchstimmung durch Kritik, Tadel oder Abwertung verhagelten.

Einstige Herzenswünsche mögen aber plötzlich verblasst sein. Exotische Reisen, das dicke Auto, die hochmoderne Wohnungseinrichtung haben womöglich an Reiz verloren. Die materielle Welt lockt nicht länger. Geselliges und fröhliches Miteinander, eine entspannte zwischenmenschliche Atmosphäre, inspirierende Gespräche, die Lust an gesundem Essen, ein feiner Wein, der Spaziergang am Morgen, die Abendsonne im Garten ... All dem können wir nun viel mehr abgewinnen als früher.

Denn es ist an der Zeit, sich Zeit zu nehmen für die schöngeistigen Dinge, zumal alles, was den Geist anspricht und weitet, der gefürchteten Denkunbeweglichkeit vorbeugt. Nicht nur Sudokus und Kreuzworträtsel halten das Hirn aktiv, sondern vor allem jene Aspekte im Leben, die uns emotional berühren.

Der emotionale Lebenslauf

Was hat mich in welchen Jahren emotional besonders aufgewühlt und berührt?

Wie habe ich beispielsweise den Sportunterricht in der Schule erlebt? Und wie stehe ich heute zu sportlicher Aktivität?

Wer war mein bester Freund/meine beste Freundin in der Schulzeit? Und was ist aus der Freundschaft geworden?

Wie habe ich die erste Liebe erlebt? Und wie die erste Trennung?

... Unfälle, Umzüge, Erkrankungen ...

Gibt es Emotionen und Gefühle, die überwiegen?

Gelingende Beziehungen und Kreativität sowie die Welt von Kunst und Kultur gehören zu einem schöpferischen, geistig agilen Leben. Grundsätzlich sollten wir uns auch in unserer „2. Pubertät“ auf möglichst unbekanntes Terrain begeben, Grenzen ausloten und vermeintliche gegebenenfalls überschreiten.

Man kann unbesorgt alleine ein Museum besuchen, sich einen Kinofilm anschauen, ein Konzert oder eine Lesung besuchen. Zumal neue Kontakte am ehesten zustande kommen, wenn man alleine unterwegs ist. Abgesehen davon kann es nicht schaden, sich rechtzeitig in Eigeninitiative zu üben, bevor man es von einem Tag auf den anderen plötzlich können muss ...

Der Mensch ist von Natur aus ein soziales Wesen und unser Gehirn ein soziales Organ. Darum benötigen wir auch in jeder Lebensstufe Gemeinschaften, durch die wir wachsen und reifen können. Im Alter aber ist dieser Aspekt besonders wichtig, weil die Tendenz zu Rückzug und sozialer Isolation aufgrund nicht verarbeiteter, früherer Kränkungen und Lebensenttäuschungen zunehmen kann. Insofern müssen wir uns bewusst darum bemühen, aber auch gezielt auswählen, welche Gemeinschaften wir in diesem Lebensabschnitt brauchen, welche uns guttun und welcher Gesellschaft wir lieber aus dem Weg gehen, weil sie missmutig oder gar destruktiv ist und unseren Geist lähmt. Überall dort, wo unterschiedliche Meinungen aufeinanderprallen, die zu Streit und fruchtlosen Diskussionen führen, weil es nur um die Durchsetzung eigener Interessen geht, gilt es, einen Schritt zurückzutreten und zu fragen: Wie viele Konflikte, Reibereien und welches Ausmaß an zwischenmenschlichen Störungen verträgt man selbst, aber auch die Gemeinschaft, in der man sich bewegt? Denn ständige Streitereien sind höchst schädlich für unser Gehirn. Einstige Burnout- und Psychiatriepatienten wissen aus eigener Erfahrung, wohin dysfunktionale Strukturen führen können, und meiden diese.

Wer also in einer Umgebung aufgewachsen ist, wo ständig emotionales Chaos und Durcheinander herrschte, wer immerzu angeschrien oder geschlagen wurde, wer in der Schule unter Demütigungen und harten Strafen litt, wer von Gleichaltrigen gequält, gehänselt oder ausgelacht wurde, der konnte kaum lernen, sich selbst emotional zu regulieren, dem brennen, sobald er Angst hat und unter Stress steht, die Sicherungen durch, weil die neuronalen Erregungsmuster andauernd feuern. Das Gehirn kann einen dauerhaft inkohärenten Zustand nur eine gewisse Zeit aushalten. Aus Zoff, Krawall und Dramen in Familie, Schule, Firma oder Politik erwächst niemals ein gelingendes Miteinander, weil der Einzelne, um sich zu schützen, längst innerlich gekündigt hat. Empathie wird blockiert und im schlimmsten Fall abgetötet. Entsprechend besteht die biografische Aufgabe in diesem Lebensabschnitt darin herauszufinden, was jetzt noch wirklich wichtig ist und wie wir unseren inneren Reichtum mehren können, um ihn an das Leben und unsere Mitmenschen zu verschenken. Jetzt ist es an der Zeit, aus unpersönlich gewordenen Beziehungen herauszutreten und sich um ein wohlwollendes Miteinander zu kümmern. Wer stattdessen weiterhin nach Nutzen und Profit einer Sache, Beziehung, Freundschaft oder Gemeinschaft fragt, der wird früher oder später von Stillstand und Verfall eingeholt. Wer seine Freunde nur braucht, wenn es ihm schlecht geht, wer sich auf Beziehungen nur einlässt, um anerkannt und bewundert zu werden, wer Kollegen nur anruft, um deren Wissen anzuzapfen, der wird eines Tages alleine dastehen.

Ich - Du - Wir: Stellung beziehen

Beziehungen zerbrechen nicht selten an der eigenen Unaufrichtigkeit und Wankelmütigkeit. Meist haben sich einstige Gemeinsamkeiten längst erschöpft, und die Nostalgie der Vergangenheit liegt wie ein Spinnennetz über dem längst Verflossenen. Lange wagt man es nicht, daran zu rütteln. Doch der reif gewordene autonome Mensch kann sich aus destruktiven und untauglichen Mustern und von Menschen ablösen. Das gilt auch für das Verhältnis zu Eltern und Geschwistern. Denn in den Jahren um 65 müssen wir uns um Wahrhaftigkeit uns selbst und anderen gegenüber kümmern. Wenn Eltern sich nie aufrichtig um eine funktionierende Beziehung zu ihren Kindern bemüht, sondern sich eigentlich dauernd beschwert haben, darf es sie nun nicht wundern, wenn ihre Kinder den Kontakt meiden oder abbrechen. Eltern, die bis ins hohe Alter versuchen, emotionale Macht auszuüben, sind oft getrieben von der Erwartung, dass die Kinder selbstverständlich stets und ständig zur Verfügung stehen („Wir haben schließlich alles für euch getan!"). Oft ist dabei Neid im Spiel, weil sie an ihren Kindern erleben, wie diese sich ein Leben ohne materielle Sorgen aufgebaut haben und sich vieles gönnen, was sie sich selbst versagt haben. Manche Mutter neidet ihrer Tochter insgeheim, dass diese Beziehungen und Partnerschaften eingeht und sie wieder auflöst, wenn die Zeit dafür reif ist.

Im Gegenzug müssen sich die erwachsenen Kinder fragen, was sie eigentlich daran hindert, ihren Eltern die eigene Haltung zuzumuten, selbst wenn diese noch so konträr zu der Erwartung der Eltern ist. Ähnliches trifft auf Geschwister zu, die sich nie aus ihrem kindlichen Zwist befreit haben und es bis heute nicht schaffen, einander auf Augenhöhe zu begegnen. Oftmals handelt es sich auch hier um nicht aufgelöste Emotionen wie Missgunst und Eifersucht, die in der Herkunftsfamilie entstanden sind und sich störend auf das erwachsene geschwisterliche Verhältnis auswirken. Kurzum: Es geht jetzt darum, sich über die Qualität der eigenen zwischenmenschlichen Beziehungen klar zu werden, Stellung zu beziehen und Änderungen einzuleiten. Denn die Angst, im Alter einsam und verbittert zurückzubleiben, ist durchaus berechtigt, zumal familiäre Loslösungsprozesse sich oft über mehrere Generationen hinziehen.

Aber können wir uns im Alter wirklich noch ändern und lernen umzudenken? Ja. Vorausgesetzt, wir nehmen ab und zu die Haltung eines Lernenden ein und lassen es hin und wieder zu, unsere Standpunkte zu hinterfragen. Dann werden sich

Chancen ergeben, die uns aus der geistigen Trägheit herauskatapultieren.

Umbaumaßnahmen: außen renovieren, innen erweitern

In der Altersphase vor 70 ändern sich die Prioritäten. Zum einen können Krankheiten und beginnende körperliche Schwäche zum Innehalten, Nach- und Umdenken zwingen. Zum anderen mehren sich Todesfälle, die uns spätestens jetzt unbarmherzig auf die Endlichkeit unseres eigenen Lebens stoßen. Abschiede, kleine wie große, sind von nun an ständige Begleiter. Dazu gehört auch der Abschied vom Bild des allzeit vitalen Körpers. Wir verlieren an Muskelkraft und spüren unsere versteiften Gelenke, wenn wir nicht regelmäßig Sport treiben. Magen und Darm reagieren empfindlicher auf schwere und süße Speisen, auf zu viel Alkohol und andere Genussmittel. Auf der Haut zeigen sich Altersflecken oder aktinische Keratose. Das Haar wird dünner und grauer, die Füße platter, das Zahnfleisch geht zurück. Die Körperpflege benötigt nun mehr Zeit und ähnelt den sorgfältigen Renovierungsarbeiten eines alten Gemäuers, die das Wertvolle unterstreichen. Die äußere Pflege ist genauso wichtig wie die innere; beides gehört zu einem guten Leben im Alter ...

Damit aus dem Rest des Lebens kein „Trümmerhaufen“ wird, widmen wir uns der Erschließung und Pflege freude- und kraftspendender Quellen. Somit können wir auch getrost auf Rechthaberei aus falschem Stolz verzichten, wenn wir unsere Sinne schärfen, um die Welt neu zu entdecken. Die Enkelgeneration macht es uns vor. Nirgendwo geschieht die Integration von Behinderten und Migranten so leicht wie in den Kindergärten und Grundschulen, wenn die Erwachsenen die äußeren Bedingungen dafür schaffen. Und welche Großeltern erfreuen sich nicht an dem Strahlen in den Augen der Kleinen, wenn diese uns lachend und lärmend entgegenlaufen? Wer hört nicht gerne die Worte ihrer Zuneigung, mit denen sie uns so verschwenderisch beschenken? Wir haben das Privileg, an dem Wachsen dieser neuen Generation teilzuhaben, können den Kleinen in Ruhe zuhören, sie ermuntern und einladen, sich eigenen Gedanken und Vorstellungen hinzugeben. Das ist eine der vielen schönen Aufgaben, die wir in dieser späten Lebensphase annehmen können.

Wer sich hingegen dem Lebenssinn und der Dankbarkeit verschließt, dem steht vermutlich eine geistig-seelische Erstarrung bevor. Verloren geglaubte Gefühle lassen sich am allerbesten wiederbeleben, indem wir uns neu in das Leben verlieben. Wer jetzt die Nähe von Kindern sucht, mit ihnen spielt und die Welt erforscht, kann sich von ihrer Fröhlichkeit, ihrem herrlich unbeschwerten Lachen anstecken lassen – und zurückfinden zu der überbordenden Sinnlich- und Lebendigkeit der eigenen Kindheit. Die Großelternrolle erschöpft sich daher auch nicht im Kinderhüten und Verwöhnen, sondern hat eine ganz besondere Funktion. Schon sehr früh stellen Kinder philosophische Fragen: „Woher komme ich?“; „Wo gehe ich hin, wenn ich tot bin?“; „ Warum bin ich überhaupt auf der Welt?“ Und etwas später fragen sie hinter vorgehaltener Hand: „Bleibt mein Penis so klein?“; „Wann wächst mein Busen?“; „Warum wird man schwul?“ Diesen Fragen gegenüber offen zu sein und altersgerecht darauf einzugehen, ist nicht nur Balsam für unsere Seele, sondern hilft den Kindern, sich mit ihrer Frage ernst genommen zu fühlen und eigene Antworten zu finden. In der Hinwendung zur Enkelgeneration kommen wir uns selbst näher.

Unkraut jäten im Seelengarten

In den Jahren zwischen 70 und 75 haben wir wahrscheinlich die letzte Gelegenheit, Restbestände und Folgen eines Mangels der frühen Kindheit auszumerzen, damit sich das Leben von seiner humorvollen und gütigen Seite zeigen kann. Es ist die Lebensspanne, in der der äußere Druck gering sein sollte; es gibt nur noch wenige Pflichten zu erfüllen und die Phase der Anpassung an das Leben ohne Berufstätigkeit ist ebenfalls vorüber, es gibt keine Familie, für die man tagtäglich sorgen muss, manchmal auch den Partner nicht mehr, mit dem man sich so oft gezankt hat. Umso spürbarer wird nun jeder innere Druck. Manche Menschen fühlen sich immer noch gehetzt und getrieben und können den gewonnenen Freiraum überhaupt nicht genießen. Einige erkennen in der Reflexion, dass sie selber es sind, die sich unter Druck setzen und es nun nicht länger äußeren Umständen in die Schuhe schieben können. Sie spüren, dass es mit der Kindheit zu tun haben muss, als sie zwischen Zwang und Freiheit hin und her gerissen waren und nichts selbst entscheiden konnten. Vielleicht hilft es, in einer stillen Stunde darüber nachzudenken, welches Bild man den Nachkommen hinterlassen will: Woran sollen sie sich erinnern? Dass wir jemand waren, der niemandem das Schwarze unter dem Fingernagel gönnt? Der missmutig durchs Leben ging und sich an nichts freuen konnte? Oder dass wir es trotz mancher Hürden geschafft haben, die Familie zusammenzuhalten, ohne uns selbst untreu zu werden?

Die innere Ofenbank aufsuchen

Wenn wir uns mit der eigenen Lebensgeschichte aussöhnen wollen, bedarf es einer gütigen Rückschau auf das bisher gelebte Leben. Dazu gehört die Fähigkeit, Schicksalsereignisse angemessen verarbeitet zu haben, Fehler als Bestandteil des Lebens zu akzeptieren und die Verantwortung für sein Handeln zu übernehmen. Bin ich noch nicht versöhnungsbereit, muss ich auch dafür die Verantwortung tragen ... Das geistige Streben nach der eigenen Glaubwürdigkeit gehört zu den letzten wichtigen biografischen Aufgaben in diesem Lebensabschnitt. Es gilt, unsere intuitive Seite weiterzuentwickeln.

Manchmal braucht es mehr als zehn Jahrsiebte, um eine mitfühlende Haltung gegenüber sich selbst, dem Leben und den Mitmenschen einzunehmen - auch wenn sie so ganz anders sind als wir. Eine Wesensveränderung wird oft begünstigt durch plötzliche Todesfälle in der Familie, bedrohliche Krankheiten, durch einen Herzinfarkt oder Schlaganfall, der überstanden wurde. Solche Ereignisse wirken wie Augenöffner: Auf einmal sieht man ganz deutlich, was das Leben für einen selbst wirklich lebenswert macht. Es kommt ja auch nicht von ungefähr, dass alte Menschen mit der Lektüre der Tageszeitung meist hinten beginnen, wo die Todesanzeigen stehen.

Ein innerlich ruhiger ausgeglichener Geist wäre der krönende Abschluss eines langen Reifungsprozesses. Im besten Fall vollendet sich in den späten Jahren der biografische Kreislauf: Ging es in den ersten Lebensjahren um die sinnliche Erfahrung von Liebe, Fürsorge, Autonomie und Wachstum, so können nun all die Erfahrungen, die man damit im Laufe seines langen Lebens gemacht hat, wie ein Puzzle zusammengefügt werden: Obgleich die kriegstraumatisierten Eltern nicht genügend emotionale Liebe, Nähe und Zärtlichkeit geben konnten, so haben sie mit ihren Werten und pragmatischen Haltungen doch dafür gesorgt, dass man sein Leben gemeistert hat. Und es gab Menschen, die in unser Leben kamen, die den einstigen Mangel ausgeglichen haben, so dass man liebesfähiger wurde.

Neben der persönlichen Liebe zu bestimmten Menschen zeigt sich diese Liebesfähigkeit auch in der Hinwendung zur Natur, zu Kunst und Kultur oder Gegenständen, die wohltuende Erinnerungen wachhalten. Liebe – auch wortlos – auszudrücken, macht das Herz weit. Liebe anzunehmen fällt vielen Menschen trotzdem schwer, wenn die gesunde Selbstliebe nie richtig in Gang kam. Diese schöne Aufgabe könnte deshalb die letzte sein, die es zu erledigen gilt, bevor das Leben endet. In der biografischen Beratung wird immer wieder deutlich, dass mangelnde Selbstliebe und Selbstakzeptanz ihren Ursprung in der mangelnden Fähigkeit der Eltern hat, dem Kind genügend Liebe zu schenken und sich ihm einfühlsam zuzuwenden. Viel zu selten sah das kleine Kind den liebenden Glanz in den Augen der Mutter und des Vaters, deren Liebesfähigkeit wiederum aufgrund von Kriegstraumata gestört war.

Die Reifungsstufen im Alter bieten nun die Gelegenheit, diese gesunde und gesund machende Liebe zu sich freizulegen, indem man beginnt, sich zu verstehen und nichts mehr vor sich selbst zu verbergen, nichts mehr zu beschönigen und zurechtzubiegen. So kann es vorkommen, dass man erst am Grab eines einst geliebten Menschen stehend Abbitte leistet. Manchmal dauert es eben Jahre, bis wir erkennen, wie wertvoll dieser Mensch war, warum wir an ihm hingen und warum wir es ignorierten. Zu fest saßen die alten Verhaltensmuster, die gegenseitiges Wachstum und Liebe unmöglich machten. In diesen stillen Momenten kann es gelingen, sich einzugestehen, was man falsch gemacht und nicht zugelassen hat, um seine Fehler dann aufrichtig, aber ohne Bitterkeit zu bereuen. Auf diese Weise kommen wir auch in Berührung mit unserer Fähigkeit, uns selbst zu vergeben, frei von Schuld und Scham.

Dennoch müssen wir damit leben, dass immer wieder untaugliche Überzeugungen und selbstzerstörerische Glaubenssätze an die innere Tür klopfen können und die Stimmung belasten. Und obwohl man inzwischen weiß, dass es sich höchstwahrscheinlich um etwas falsch Erlerntes handelt, ist die Lebensfreude getrübt. Da hilft nur eins: Sich selber auszuhalten und innerlich zu sortieren, was der Vergangenheit angehört und was der Gegenwart, davon absehen, andere damit zu belasten oder zu schädigen. Regelmäßiges Meditieren, aber auch der Aufenthalt in der Natur und das Hören klassischer Musik verhelfen zu einem stillen Geist, der sich nicht aus der Fassung bringen lässt. Allerdings werden wir ohne unermüdliche emotionale Disziplin nicht weit kommen.

Zwei gute Übungen: 1. Sich von Uneinigkeiten und Meinungsverschiedenheiten anderer Menschen nicht provozieren lassen; 2. Nicht ständig darüber nachgrübeln, was man noch *nicht* erledigt hat. Denn solange wir jedem Gedanken hinterherjagen wie ein Hund hinter einem alten Knochen, kommt der Geist bestimmt nicht zur Ruhe. Menschen, die sich in höherem Alter der Beruhigung des Geistes widmen, sind an ihrer gutmütigen Gelassenheit und Friedfertigkeit zu erkennen. Auf eine schwierige Situation mit Nachsicht und Verständnis zu reagieren, statt mit Wut, Ärger oder gar Hass, erfordert aktive Zurückhaltung, die wiederum einem beruhigten Geist entspringt.

Wer sich stetig in Besonnenheit und Sanftmut übt, hat gute Chancen, dass sich diese Eigenschaften in diesem späten Lebensabschnitt konsolidieren, dass die Fähigkeit, sich nicht von widrigen Umständen überwältigen zu lassen, die späte Frucht eines erfüllten Lebens sein wird. Zum Beispiel können wir uns selbst hin und wieder eine „geheime" Aufgabe stellen: Wie wäre es mit einer Woche ohne Nörgeln oder Beleidigtsein? Denn wer sich selbst meistert, beweist die höchste Form der Autonomie. Je älter die Menschen in unseren Breitengraden werden, desto wichtiger ist es, dass wir uns mit allen Kräften bemühen, die Verantwortung für unsere Emotionen zu übernehmen, und versuchen, Störgefühle wie Neid, Gier und Zorn zu reduzieren. Damit können wir hier und jetzt beginnen, indem wir anerkennen, dass wir alle aufeinander angewiesen sind. Und je freundlicher wir uns einander zuwenden, desto eher erwächst daraus unser ganz persönliches Glück.

„Ein Mensch, der über ein großes Maß an Geduld und Toleranz verfügt, bringt dadurch ein gewisses Maß von Ausgeglichenheit und Ruhe in sein Leben. Solch ein Mensch ist nicht nur glücklicher und emotional gefestigter, sondern scheint auch körperlich gesünder zu sein und weniger Krankheiten zu bekommen. Er oder sie verfügt über einen starken Willen, einen gesunden Appetit und kann mit ruhigem Gewissen schlafen.“

Dalai Lama

Biografische Fragen

Das zehnte Jahrsiebt (63-70 Jahre) und darüber hinaus

Wie kann ich meine Jahre fruchtbar machen?

Was bedeutet für mich Ruhestand?

Möchte ich neue Ziele formulieren, neue Wege gehen?

Gibt es kreative Phasen? Wie sehen diese aus?

Gibt es ein ausgewogenes Maß an Muße und Betätigung?

Wie gehe ich mit körperlichen Beschwerden und Einschränkungen um?

Wie kann ich meine Sinne schärfen, um die Welt neu zu entdecken?

Kann ich über die Natur, über das Wachsen der Kinder/Enkel staunen?

Wodurch entwickelt sich meine innere Güte?
Was ist schön für mich?

Was hat das Schicksal mir geschickt und der Zufall zufallen lassen?

Spüre ich bestimmte Folgen oder einen Mangel meiner frühen Kindheit?

Womit möchte und kann ich mich aussöhnen?
Übernehme ich die Verantwortung für das, was ich getan oder unterlassen habe?

Spüre ich geistiges Streben nach innerer Wahrheit?

Bekenne ich mich zu mir, so wie ich bin?

Wie steht es um meine wichtigsten Beziehungen?

Gibt es noch „offene Rechnungen“, ungelöste Konflikte?

Was kann ich noch nachholen?

Welche schlechte Angewohnheit möchte ich jetzt gezielt ablegen?

Gibt es Anzeichen von Starrsinn, Vergesslichkeit oder Unbeweglichkeit im Denken?

Woran kann das liegen?

Wie sieht es mit meinen Gütern und Besitztum aus?

Was möchte ich wem schenken?

Wem will ich was vererben?

Kann ich mich von alten Machtansprüchen lösen?

Wodurch kann sich die intuitive Seite meiner Seele entwickeln?

Wann und mit wem empfinde ich tiefe Dankbarkeit, Demut, Heiterkeit?

Welche Dimensionen meines Bewusstseins wollen sich (weiter-)entwickeln?

Welche Spuren will ich hinterlassen?
Möchte ich meinen Nachkommen zum Beispiel eigene Gedanken über mein Leben hinterlassen?
Was soll – im übertragenen Sinne – auf meinem „Grabstein" stehen? Was soll man über mich sagen?
Wem soll ich wie im Gedächtnis bleiben?

Freuden-
biografien

Margret, 72 Jahre

Ich bin oft tief berührt vom Schicksal, das andere Frauen durchleben. Da frage ich mich: Bin wirklich nur ich so ein Glückskind, dass ich mit 72 Jahren sagen kann, mein Leben war gut, ist gut? In meinem Leben habe ich so viel Positives gefunden, dass ich darüber die Probleme, die schweren Entscheidungen, ja auch die Tränen, vergessen habe. Würde ich meine Lebensgeschichte aus dem Munde einer anderen Frau hören, könnte ich aber nur mitfühlend sagen: „Die arme Frau."

1943, Krieg. Zum Kummer meiner Mutter kam ich mit einer Hasenscharte zur Welt. Sie konnte kein hübsches Kind präsentieren. „Rotzrinne, Rotzrinne!", riefen die Kinder hinter mir her. Auf dem Bauernhof, wo ich die ersten Lebensjahre verbrachte, riefen sie „Stinkerin", und ich wurde ausgelacht, weil ich immer die gleiche Wäsche anhatte. Da war kein Erwachsener, der Zeit gehabt hätte, sich um mich zu kümmern. Es interessierte auch niemanden, dass ich nichts aß, weil ich mich vor den schwarzen Käfern im „Geröstl" ekelte, bis mich schließlich ein Arzt für unterernährt erklärte. Er verschrieb „Nestrovit" zu meiner Stärkung. Das schmeckte köstlich. Wie Schokolade. Mir war zum ersten Mal klar: Jedes Leid bringt seinen Vorteil.

In der Volksschule war ich zwar Klassenbeste, aber immer noch kein schönes Kind. Das wurde mir bewusst, als ich zwei

Lehrerinnen belauschte, die sich darüber unterhielten, wer ein Gedicht auf der Bühne vortragen sollte. Sie entschieden sich für meine Rivalin. „Die Claudia sieht doch viel netter aus.“ Das tat weh! Durch gute Leistungen versuchte ich, allem zum Trotz, einen Wert zu haben. Zum Glück hatte ich meinen Vater, er bewunderte mich vorbehaltlos und förderte mich, wo er konnte.

Als ich 19 war und schon konkrete Pläne für meine Weiterbildung in England geschmiedet hatte, starb mein geliebter Vater ganz unerwartet. Mit seinem Tod schien auch aus meiner Mutter jeder Lebenswille gewichen zu sein. Sie konnte nur noch weinen, verließ ihr Zimmer nicht mehr. Mein großer Bruder machte sich aus dem Staub, meine kleine Schwester war noch keine zehn Jahre alt. Doch das Leben musste weitergehen. Wir hatten eine Holz- und Gashandlung, wo Kunden wie Lieferanten ihre Rechte einforderten. Von einem Tag zum anderen verlangte die Bank ihre Kredite zurück. Meine Zukunftswünsche konnte ich vergessen. Mein Leben bestand nun darin, mit hinterlistigen Bauern um Holzpreise zu feilschen, ungeduldigen Kunden ihre Gasflasche bis ins oberste Stockwerk zu schleppen, bei den Banken um Aufschub zu ersuchen, den Haushalt zu organisieren und darauf zu achten, dass meine Schwester jeden Morgen zur Schule ging. Ganz nebenbei legte ich in dieser Zeit meine Reifeprüfung ab. Aber trotz aller Anstrengung schaffte ich es nicht, das Schlimmste abzuwenden. Und es kam, wie es kommen musste, das Elternhaus sollte versteigert werden.

Wenn es um Geld geht, ist ein Familienstreit vorprogrammiert. Jeder war gegen jeden, unsere Rechtsanwälte bekämpften einander. Auch meine damalige Liebesbeziehung war nicht sehr hilfreich und endete schließlich in einer Enttäuschung. Das schlimmste war allerdings, als meine Mutter in ihrer Depression mit beiden Händen meinen Hals umklammerte und zudrückte, bis mich in letzter Minute jemand befreite. Am nächsten Tag war sie aus dem Haus verschwunden. In einem Brief kündigte sie ihren Selbstmord an. Während die Feuerwehr, die Polizei und ich verzweifelt überall nach ihr suchten, hätte ich es fast vorgezogen, selbst tot zu sein. In der Nacht kam sie zurück, sie lebte! Sie lebte bis zu ihrem Tod in meiner Wohnung zusammen mit meiner Familie. Und als sie auch noch an Alzheimer erkrankte, habe ich sie gepflegt. Da kann man wohl (mit Simmel) sagen: „Mich wundert, dass ich so fröhlich bin."

Ja, ich betrachte mein Leben als gelungen, ich bin glücklich und jeden Tag dankbar für das, was ich habe und erleben durfte und immer noch erlebe. Sicher, es hat alle diese Probleme gegeben, aber das Schöne daran ist, dass sich Schritt für Schritt jedes einzelne Problem ins Positive gewandelt hat. Fangen wir mit dem Banalsten an – obwohl ich es als Kind durchaus als schwerwiegend empfand: mit der Hasenscharte. Als ich 14 war, bezahlte mein Vater einige Operationen bei den besten Ärzten, danach akzeptierte ich mein Gesicht und konnte recht gut mit meinem Aussehen leben. Dass ich mich immer um gute Leistungen in der Schule bemühte, war sicher ein Vorteil für mich.
Meine Studienwünsche konnte ich nicht so schnell und leicht verwirklichen, wie ich geplant hatte, aber meine Promotion habe ich trotzdem geschafft. Ich bin überzeugt, man muss etwas nur stark genug wollen, dann erreicht man es früher oder später, vorausgesetzt, es ist der richtige Wunsch. Allerdings, es war nicht einfach und erforderte viel Kraft, Durchsetzungsvermögen und auch manchen Verzicht; ich war ja inzwischen verheiratet und hatte zwei Kinder. Zu meiner damaligen Liebesbeziehung kann ich aus heutiger Sicht nur sagen: Gott sei Dank hat der mich nicht gewollt. Denn der Mann, den ich schließlich geheiratet habe, gab mir stets

Geborgenheit. Zusammen haben wir alles gemeistert. Er war meine wichtigste Hilfe in der schwierigsten Situation meines Lebens, als die Ärzte mir offenbarten, dass unser drittes Kind womöglich mit einer Behinderung zur Welt kommen wird. Sie rieten zur Abtreibung. Er hatte keine Angst, er vertraute auf das Gute. Diese Tochter lebt heute gesund und glücklich verheiratet in Australien, und so haben wir einen willkommenen Anlass, einige Monate im Jahr dort zu verbringen und unsere drei australischen Enkelkinder zu genießen. Wieder einmal: Es hat sich zum Besten gewendet. Auch das Verhältnis zu meinen Geschwistern hat sich im Laufe der Jahre um 360° gewandelt. Es mag sein, dass man mit zunehmendem Alter friedfertiger und klüger wird, doch was auch immer der Grund sein mag, wir treffen uns oft und verstehen uns wunderbar. Ja, ich möchte behaupten, mein Bruder ist mein bester Freund. Er ist wie das Salz in einer guten Suppe. Ohne ihn wäre mein Leben nur halb so lustig, wir haben viel Spaß zusammen und lachen wegen jedem Unsinn Tränen, sodass unsere Ehehälften manchmal nur verständnislos den Kopf schütteln.

Noch ein Wort zu meiner Mutter. Die schlimmen Ereignisse habe ich beinahe vergessen. Nur jetzt, während des Erzählens, kommen sie mir wieder dunkel in den Sinn. In meiner Erinnerung lebt sie als die beste Frau, die ich je kennengelernt habe. Sie hat uns Kinder durch den Krieg gebracht, hat uns, obwohl sie oft todmüde war, die Geschichte vom Sterntaler vorgelesen und aus Schafwolle Badehöschen gestrickt. Später hat sie nachts nach einem langen, anstrengenden Tag hübsche Kleider für mich genäht. Ja, sie war eine hervorragende Näherin. Urlaub kannte sie nicht, sie lebte für die Arbeit, für uns Kinder und für ihren Mann, besonders für ihren Mann. Dass er so früh starb, war ihr Schicksal. Was danach kam, ihre Depression mit all den Tiefen und dann ihre Alzheimer-Erkrankung, habe ich erlebt und wohl auch erlitten, aber es hat mich stark gemacht und zuletzt glücklich. Bevor sie mit 93 Jahren starb, hatte sie einen klaren Moment. Sie erkannte mich, lächelte mich an und bedankte sich für meine Fürsorge. Ich hielt ihre Hand und spürte ihre Liebe, eine Liebe, die immer da gewesen war, die sie aber leider wegen ihrer Krankheit nicht hatte zeigen können. Ihr Leben fand ein friedliches Ende.

So sind auf die eine oder andere Weise alle schwierigen Zeiten gut vorübergegangen. Ich habe einfach immer daran geglaubt, dass ich es schaffe. Klar, ganz von alleine geht es nicht, man muss auch an sich arbeiten, sich manchmal anpassen, verzichten, Kompromisse eingehen und sich durchsetzen, wenn es wirklich notwendig ist. Mein Glück war, dass ich die Momente erkannt habe, die für mein Leben wichtig waren, und dass mir immer gerade zur rechten Zeit das richtige Buch in die Hände fiel oder mir ein hilfreicher Mensch einen passenden Rat geben konnte. Ich bin überzeugt, dass meine Arbeit wesentlich zu meinem Glücklichsein beigetragen hat. Was immer ich tat, ich tat es aus Überzeugung und voll Begeisterung. Dabei spielte es nie eine Rolle, ob es eine wichtige Aufgabe war, oder ob ich nur ein Hemd bügelte oder eine Toilette putzte. Es war wunderbar, als Lehrerin zu erleben, wie meine Schüler ihr Bestes gaben, weil sie es für mich tun wollten. Es war mir eine Genugtuung, als Hausfrau zu sehen, wie meine Familie sich über ein gutes Essen freute. Es machte mich stolz, als Inhaberin eines schönen Betriebes Mitarbeiter und Kunden für mich zu gewinnen und optimal zu beraten. Meine Arbeit war jeweils mein Hobby. Natürlich gab es auch Tage, an denen ich glaubte, die Welt geht unter, weil es nicht so lief, wie ich es wollte. Aber es waren eben nur Tage, und jedem Tag folgt ein neuer Tag, der neue Möglichkeiten eröffnet, und in der dichtesten Wolkendecke habe ich immer wieder einen Sonnenstrahl entdeckt. Ich freute mich über eine neue Rose in meinem Garten, über ein selbstgebasteltes Geschenk meiner Kinder, über ein hübsches Gedicht oder ein Aquarell, über den Blumenstrauß eines zufriedenen Kunden. Es gab so viele Glücksmomente in meinem Leben! Es war mir immer wichtig, am Morgen aufzuwachen und mich auf meinen Tag, auf meine Arbeit, auf die Menschen zu freuen. Wenn ich gemerkt habe, dass das Alte eintönig wird und keine Freude mehr macht, habe ich nach Möglichkeiten gesucht, etwas zu verändern. Hätte ich mein Leben von Anfang an noch einmal zu gestalten, ich würde alles wieder genauso wollen. Denn was mehr könnte ich mir heute wünschen? Ich bin gesund, ich kann unternehmen, was ich will, Seminare besuchen, um die Welt reisen, mich mit netten Menschen treffen, und – die Krönung all meiner Tage: Ich habe einen Mann, Kinder und sieben Enkelkinder, die mich lieben. Dafür hat sich alles gelohnt, hat es sich gelohnt zu leben!

Paul, 77 Jahre

Winter 1937: Bei der Hausgeburt, so erzählte man mir, schmückten Eisblumen die Fensterscheiben des unbeheizten Schlafzimmers. Die Kriegsvorbereitungen liefen auf vollen Touren, und nicht wenige konnten den Kanonendonner kaum erwarten, um dem Iwan, Franzmann und Tommy zu zeigen, wer Herr über Europa ist. Bereits 17 Monate später wurde mein jüngerer Bruder geboren, bevor unser Vater zur Wehrmacht eingezogen wurde und unsere Mutter für die nächsten sechs Kriegsjahre weitestgehend alleinerziehend mit uns beiden lebte. Wir kannten unseren Vater nur von den kurzen Urlauben, die im Laufe der Jahre in immer längeren Abständen erfolgen sollten. Unser Haus hatte Vater bereits vor der Heirat am Rand des Dorfes gebaut. Die Großeltern mütter- wie väterlicherseits wohnten im Dorfkern, und dort hielt sich auch meine Familie im Laufe der nächsten Jahre tagsüber hauptsächlich auf. Da beide Familien eine kleinere Landwirtschaft betrieben, mangelte es uns auch im weiteren Kriegsverlauf nie an Essen.

Mit 4 Jahren mussten wir in den Kindergarten, was damals eher eine Kinderverwahranstalt war. Hier lernte ich auch Hochdeutsch; im täglichen Umgang mit den Erwachsenen sprachen wir nur Plattdeutsch. Die meisten Kinder meines Jahrgangs lernten erst ab der 1. Klasse Hochdeutsch, was manchen ziemlich schwerfiel.

Während der Kriegsjahre, deren Ernst wir Kinder ebenso wie die meisten Erwachsenen gar nicht erkannten, spielten wir die damals üblichen Ballspiele, entweder mit einem einigermaßen aufgepumpten Gummiball, oder, wenn dieser nicht zur Verfügung stand, mit einem von Mutter genähten, mit Stoffresten gefüllten Ball, der allerdings nur bei trockenem Wetter etwas taugte. Aber auch Milchdosen waren beliebte Kickobjekte. Sämtliche Dorfstraßen und Höfe waren Spielplätze für jedermann. Denn selbst die vier oder fünf im Ort vorhandenen Autos wurden kaum gefahren. Und Busverkehr war bis auf den gelegentlichen Postbus ebenfalls unbekannt. Sehr verbreitet war damals das „KRIEGSPIELEN“, das sogar im Kindergarten, angeleitet von einer Nonne, gespielt wurde. Wir bastelten Schwerter aus Holz und Hüte aus Zeitungspapier und zogen „Wer will unter die Soldaten, der muss haben ein Gewehr ...» singend durch die Gegend. Trotz der Bombenalarme und einzelner Nächte im Keller empfand ich meine Kindheit als unbeschwert und schön. So ging es auch meinen Spielkameraden, obwohl zwei Väter umkamen – der eine an der Front, der andere auf unserer Straße durch feindlichen Granatbeschuss. Standesunterschiede kannten wir nicht. Wir hatten alle nichts oder nur wenig und waren im Rückblick doch zufrieden.

Die Erziehung im Elternhaus wurde durch Einsatz des Rohrstockes unterstützt, und auch in der Schule sollte mangelnde Begabung durch Stockhiebe ausgeglichen werden. In der 4. Klasse der Volksschule, die nach Kriegsende fast ein Jahr unterbrochen werden musste, fragte der Klassenlehrer bereits unsere Berufswünsche ab. Die meisten Jungen wollten einen der etwa zehn möglichen Handwerksberufe ergreifen, die auch fast alle im Ort erlernt werden konnten. Ich wollte Maurer werden wie mein Vater. Und die Erstgeborenen der ortsansässigen Bauern gaben selbstverständlich Bauer als Berufswunsch an. Ein nettes Mädchen äußerte den Wunsch, Putzmacherin zu werden. Wir vermuteten dahinter den Beruf, tagtäglich mit Putzlappen, Eimer und Staubwedel umzugehen, ohne zu wissen, dass hiermit tatsächlich der Beruf der Hutmacherin oder auch Modistin gemeint war. Dieses Mädchen besuchte dann auch eine weiterführende Mädchen-Realschule, im Volksmund „Schule für höhere Töchter“ genannt. Ein hochbegabter Mitschüler strebte damals schon das Priesteramt an und informierte uns Mitschüler, die wir hierfür keinerlei Verständnis aufbringen konnten oder wollten, mit immer neuen Broschüren über die entsprechenden Ordensgemeinschaften. Fast alle Jungen der Klasse haben die damals genannten Berufe tatsächlich erlernt, sind in diesen aufgestiegen und meines Wissens ihr gesamtes Berufsleben geblieben. Nur aus dem Priesterberuf ist nichts geworden, weil eine Schöne es verhinderte. Dennoch war dieser Junge der einzige von uns vierzig, der das Gymnasium besucht und das Abitur abgelegt hat.

Da wir weder Radio noch Fernseher besaßen, blieb ausreichend Zeit für Gartenarbeit, Messdienerstunden, Sängerschola der Messdiener sowie die wöchentlichen Zusammenkünfte der Jungschar unter Leitung unseres Kaplans.
Im Betrieb meines Vaters absolvierte ich schließlich meine drei Lehrjahre zum Maurer. Damit begann der sogenannte Ernst des Lebens. Die wöchentliche Arbeitszeit auf der Baustelle betrug 50 Stunden. Hinzu kam die Zeit des Berufsschulunterrichts in der fünf Kilometer entfernten Kreisstadt, die ich mit dem Fahrrad zurücklegte. Meine Schulfreundschaften pflegte ich weiter, zumal sechs Schüler aus unserer Klasse den Maurerberuf ergriffen hatten. Im letzten Lehrjahr besuchte ein Teil unseres Jahrgangs den obligatorischen Tanzkurs, auf dem die „Putzmacherin“ zur Tanzkönigen erwählt wurde.

Mit dem Gesellenbrief und einem weiteren Gesellenjahr in der Tasche bewarb ich mich für ein Studium zum Bauingenieur, das ich nach bestandener Aufnahmeprüfung und mit Genehmigung der Lehranstalt aufnehmen konnte, obwohl ich erst 18 Jahre und somit noch nicht volljährig war. Die folgenden fünf Semester bis zu meinem erfolgreichen Abschluss und die Zeit meiner Wehrpflicht verbrachte ich im schönen Weserbergland, weit entfernt von daheim. Danach trat ich in den Baubetrieb meines Vaters ein, bevor ich schließlich ein Ingenieurbüro für Bauplanung und Statik eröffnete.

Mein Hobby galt seit meiner Zeit als Messdiener dem Chorgesang; ich sang sowohl im Studenten- als auch im Soldatenchor. In meinem Heimatort trat ich dann dem Männerchor bei, dem ich inzwischen seit mehr als 55 Jahren angehöre und mit dem ich sehr viele große Konzerte und Tourneen erleben durfte. Über 70 Jahre schon prägt der Gesang einen Teil meiner Freizeit ...

Als ich aus dem Weserbergland in unser Dorf zurückkehrte, bahnte sich ein inniges Verhältnis zu jenem Mädchen unserer Klasse an, das in der gleichen Woche geboren war wie ich, das mit 10 Jahren Putzmacherin werden wollte und Tanzkönigin gewesen war. Die gemeinsame Zukunft wurde geplant, mit einem selbstgebauten Bungalow auf einem schön gelegenen Grundstück am Ortsrand unseres Heimatdorfes. Nach unserer Hochzeit hatten wir das Glück, wunschgemäß drei gesunde Söhne zu bekommen, womit unsere Familie dann vollständig war.

Die beruflich selbstständige Arbeit forderte mich in den kommenden Jahren ganz und gar, wobei die Konjunkturschwankungen auch manche Sorgen und gelegentlich schlaflose Nächte gebracht haben, von denen meine zwanzig Mitarbeiter aber wohl wenig gespürt haben dürften. Ererbter Humor und Optimismus und die volle Unterstützung meiner Frau haben mir manche Schwierigkeit erleichtert. Unsere Jungs wuchsen heran und entwickelten sich zu unserer vollsten Zufriedenheit. Sie trugen wesentlich zu unserem Familienglück bei. Einmal im Monat fuhren wir mit unserem ersten kleinen Opel-Kadett ins Grüne, in ein jeweils gemeinsam ausgewähltes Restaurant. In den ersten Jahren waren Kindergerichte angesagt mit reichlich Pommes, bis irgendwann auch die große Karte verlangt wurde. Den gemeinsamen Sommerurlaub verbrachten wir in Deutschland und einige Male am Mittelmeer, während wir – auf Anraten von Freunden – Weihnachten und Neujahr immer wieder und für uns alle unvergesslich im Schnee in der Steiermark verlebten. Fotos und Filme sind bleibende Erinnerungen an diese schönen Zeiten. Viele Jahre konnten wir uns auf der Sonnenseite des Lebens fühlen. Ein Pool im Garten und ein Reitpferd im Stall, das beinahe zehn Jahre lang Hobby für die ganze Familie war.

Schicksalsschläge blieben uns allerdings wie den meisten Menschen leider nicht erspart: Ein Sohn verunglückte im Kindesalter sehr schwer, und wir mussten Tage und Wochen um sein Leben und seine Gesundheit bangen und beten. Zum Glück ist alles gut ausgegangen. Ich selbst erkrankte vor einigen Jahren lebensbedrohlich, wurde jedoch glücklicherweise rechtzeitig operiert und behandelt, sodass meine Frau und ich guten Mutes auf diese schwierige Zeit zurückblicken können. Unsere gegenseitige Liebe war uns dabei sicherlich eine starke Stütze. Als unsere Silberhochzeit bevorstand, bauten wir unseren Bungalow zu einem Zweifamilienhaus um, in dem wir nun seit der Geburt unserer zweiten Enkeltochter mit drei Generationen und bisher glücklich unter einem Dach leben. Die Goldhochzeit konnten wir inzwischen ebenfalls feiern – und hoffen auf noch weitere gemeinsame Jahre. Wir wissen dies zu schätzen, da im Umfeld leider manche Verbindung durch Trennung, Krankheit oder Tod zerbrochen ist.

Für uns galt immer: Schau nicht immer nach oben und auf die, die vor dir sind – schau öfter rückwärts. Und gib jedem Tag die Chance, der schönste deines Lebens zu werden.

Die Biografie-Parabel

LEBENSÜBERGÄNGE

Wir über uns

***Brigitte Hieronimus**, Jahrgang 1951, Mutter von zwei erwachsenen Kindern und Großmutter von 5 Enkeln, zertifizierte Biografie- und Paarberaterin, Dozentin in der Erwachsenenbildung für Biografie-, Trauma- und Schreibseminare am Frauenseminar Bodensee/Schweiz.*

Als wir uns 2005 auf einem Geschäftsempfang kennenlernten, ahnten wir nicht, dass wir uns ineinander verlieben und später zusammen arbeiten, geschweige denn gemeinsam an einem Buch schreiben würden. Mich faszinierte Hermanns klarer Intellekt und angenehmer Pragmatismus; und ich fühlte mich von seiner behutsamen Art, sich mir zu nähern, angezogen. Das ist bis heute so geblieben. Nachdem wir uns füreinander entschieden hatten, gab es im Laufe der Jahre vielerlei Hürden zu nehmen, bis wir eine Partnerschaft leben konnten, die für uns beide stimmt. Aber erst während unserer gemeinsamen Biografieausbildung wurde uns bewusst, wie wichtig und hilfreich es tatsächlich ist, die eigenen biografischen Hintergründe und Traumata zu kennen und ins Leben zu integrieren.

Ich gehöre zu den Nachkriegsgeborenen, die in der sogenannten Wirtschaftswunderzeit aufwuchsen. Meine Mutter ist Flüchtlingskind, mein Vater Heimatvertriebener. Beide erlitten in ihrer frühen Jugend traumatische Verlust- und Gewalterfahrungen, die sie nicht verarbeiten konnten und auf mich übertrugen. Inzwischen aber ist es mir gelungen, eigene Verlusterfahrungen nach und nach aufzuarbeiten. Ich bin zuversichtlich, dass sich auch im hohen Alter neue Möglichkeiten eröffnen werden, das Leben freudvoll zu gestalten. Dazu gehören meine Berufung, die Großmutterschaft, das

Teilhabendürfen am Leben meiner Kinder und Enkel, meine privaten Vergnügungen, tiefe Freundschaften und das Glück einer reifen Partnerschaft. Was Hermann und mich verbindet, ist die Lust am eigenen Denken und ein aufrichtiges Interesse aneinander. Im Alltag teilen wir humorvoll und mühelos anfallende Tätigkeiten und genießen jene Nächte, in denen wir uns bei gutem Wein und bekömmlichem Essen austauschen, um am nächsten Morgen fröhlich nebeneinander zu erwachen. Wir fahren gerne durch die Gegend und verreisen am liebsten in die Berge und an den Bodensee. Das vorliegende Buch beispielsweise wurde in der Ramsau/Dachstein zu Ende geschrieben ...

Wir hoffen, die Leserinnen und Leser damit neugierig zu machen, ihre eigenen biografischen Lebensthemen auf fruchtbare Weise aufzuarbeiten und umzusetzen.

***Hermann Galle**, Jahrgang 1951, Vater von zwei erwachsenen Kindern, Großvater von zwei Enkelkindern; im Zweitberuf Heilpraktiker für Psychotherapie und Traumatherapeut; im Erstberuf Betriebswirt und Gesundheitsökonom mit jahrelanger Erfahrung im Gesundheitswesen.*

An einem sonnigen Wintersonntag war ich beruflich bedingt zu einem Geschäftsempfang eingeladen. Ich warf mich in ein Businessoutfit, bewaffnete mich mit einem tiefrot blühenden Weihnachtsstern und machte mich auf den Weg. Angekommen, gratulierte ich zunächst der Inhaberin zu ihren neuen Räumlichkeiten und stellte mich bei den anwesenden Gästen vor - auch bei Frau Hieronimus, natürlich ohne zu ahnen, dass da etwas zwischen zwei Freundinnen inszeniert worden war ... Es dauerte nicht lange, und wir waren mitten im Smalltalk, allerdings mit einer hohen Klebekraft. Als ich mich verabschieden wollte, fragte sie mich, ob ich sie wohl mitnehmen würde, da wir im gleichen Ort wohnten. Nichts lieber als das! Also fuhren wir, noch beim „Sie“, gemeinsam zurück. Noch nie war ich die Strecke in einem so geringen Tempo gefahren. Wir verabschiedeten uns – und noch am selben Abend kam eine nette Dankeschön-E-Mail („vor allem für den angewärmten Sitz“). Aus dieser Begegnung ist nun eine fast 10-jährige Partnerschaft geworden, in der sich intensive Nähe mit ausreichender, teilweise schmerzhafter Distanz abwechselte. Es ist eine männliche Herausforderung, mit einer so charmanten, selbstbewussten und bisweilen Grenzen sprengenden Frau zusammen zu sein, ohne den eigenen Weg aus den Augen zu verlieren. Wir haben unzählige Reisen miteinander gemacht und viele Projekte ins Leben gerufen. Die gemeinsame Zeit ist ein ständiger, intensiver Reifungsprozess. Und so habe ich auch die Einladung, an diesem Buch mitzuwirken, gerne angenommen und meinen Beitrag dazu geleistet.

Danksagung

Es ist mir eine große Freude, all den Menschen zu danken, die mir in meiner langjährigen Biografie- und Seminararbeit ihr Vertrauen geschenkt haben. Die Idee zu diesem Buch trug ich schon viele Jahre in mir, doch ohne ihre hochspannenden Lebensgeschichten wäre es nicht geschrieben worden.

Ein lieber Dank geht an meinen Partner Hermann Galle, der mein Interesse an der Biografie- und Trauma-Arbeit geweckt und vertieft hat. Seine therapeutischen Erfahrungen mit Männern haben dieses Buch ungemein bereichert und zu einer fruchtbaren Zusammenarbeit geführt.

Ganz herzlich möchte ich Prof. Franz Ruppert danken, den ich persönlich kennenlernen durfte und der mir ein Zitat für dieses Buch widmete, sowie Karl-Ludwig Leiter, der das Vorwort schrieb und dessen inspirierende Gedanken zu der Lebenszahl 60 ein besonderes Geschenk sind.

Bei meiner Literaturagentin Swantje Steinbrink bedanke ich mich für ihr unermüdliches Engagement und sorgfältiges Lektorat sowie bei Marianne Nentwig vom Kamphausen Verlag, die sich für dieses Buch begeisterte.

Informationen über Seminare:

www.brigitte-hieronimus.de

www.hermann-galle.de

Quellen

Anand, Margot, 1995: *Tantra*. Goldmann, München

Brizendine, Louann, 2008: *Das weibliche Gehirn*. Goldmann, München

Chang Jolan,2004: *Das Tao der Liebe*. Rowolt, Rheinbeck bei Hamburg

deMause, Lloyd, 1992: *Evolution der Kindheit*. Suhrkamp, Frankfurt am Main

Donath, Orna, 2014: *Studie zu bereuter Mutterschaft*. https://www.academia.edu/9820246/Regretting_Motherhood_A_Sociopolitical_Analysis

Erikson, Erik H., 1988: *Der vollständige Lebenszyklus*. Suhrkamp Wissenschaft, Frankfurt am Main

Franz, Matthias / Karger, André, 2013: *Scheiden tut weh*. Vandenhoek & Ruprecht, Göttingen

Fuchs, Sven, 2014: *Die Gewalt gegen Kinder in der Geschichte*. http://kriegsursachen.blogspot.com/

Gendlin, Eugene T., 2012: *Focusing*. Rowohlt Taschenbuch Verlag, Reinbek bei Hamburg

Grawe, Klaus, 2004: *Neuropsychotherapie*. Hogrefe, Göttingen

Hurrelmann, Klaus, 2014: *Die heimliche Revolution*. Beltz, Weinheim. Basel

Hüther, Gerald, 2015: *Etwas mehr Hirn bitte*. Vandenhoek & Ruprecht, Göttingen

Leiter, Karl-Ludwig, 2014: *Wie vor Was*. Arkana, München

Lichtenauer, Karin (Hrsg.), 2006: *Mit dem Dalai Lama den Tag beschließen*. Herder, Freiburg im Breisgau

Maaz, Hans-Joachim, 2014: *Die narzisstische Gesellschaft.* dtv, München

Onken, Julia, 1997: *Vatermänner.* C.H. Beck, München

Radebold, Hartmut/Radebold, Hildegard, 2015: *Zufrieden älter werden.* Psychosozial-Verlag, Gießen

Retzer, Arnold, 2012: *Miese Stimmung.* S. Fischer Verlag, Frankfurt am Main

Ruppert, Franz, 2014 (4. Aufl.): *Symbiose und Autonomie.* Klett-Cotta, Stuttgart

Ruppert, Franz, 2015 (6. Aufl.): *Trauma, Bindung und Familienstellen.* Klett-Cotta, Stuttgart

Ruppert, Franz, 2012: *Angst & Liebe.* Kösel, München

Ruppert, Franz, 2014: *Frühes Trauma.* Klett-Cotta, Stuttgart

Scheck, Stephanie, 2005: *Das Stufenmodell von Erik H. Erikson.* GRIN Books on Demand, Norderstedt

Schnarch, David, 2006: *Die Psychologie sexueller Leidenschaft.* Klett-Cotta, Stuttgart

Solo, Ulrike, 2014: *Weil Liebe keine Fehler kennt.* Books on Demand, Norderstedt

Thich Nhat Hanh, 2013: *Liebe heißt, mit wachem Herzen leben.* Herder, Freiburg im Breisgau

Willi, Jürg, 2007: *Wendepunkte im Lebenslauf.* Klett-Cotta, Stuttgart